過労死は防げる

弁護士・労働組合が今、伝えたいこと

連合大阪法曹団有志・
連合大阪非正規労働センター

編著

かもがわ出版

巻頭言

「社会で働く皆さまが大切にされますように」
　ある過労自死のご遺族の方がおっしゃった言葉です。

　我が国では、過労死等が多発し、大きな社会問題となっています。過労死等は、本人はもとより、家族に大きく心の傷を残すものです。のこされた遺族の悲しみに終わりはありません。亡くなっても大切な存在であることに変わりはありません。ただ、もう二度と大切な人は戻ってこないのです。

　「もう少し労働法の知識があれば、救えたかもしれない。誰かに助けを求めていれば、大切な夫の命を守れたかもしれない。被害者を、遺族をこれ以上増やしてはいけない。私だけで十分。不幸にも亡くなった夫の遺志が、これから社会に羽ばたいて、過労死等で苦しむ人を一人でも減らせますように」

　この本は、そうしたご遺族のご厚意をえて、連合大阪法曹団の弁護士有志と連合大阪のスタッフが、辛い思いをしているすべての労働者とそのご家族のためにという想いで、執筆して発行に至りました。

　仕事で少し疲れたなと思っているあなた。

巻頭言

毎日仕事にいくのが辛いと思っているあなた。
そういうご家族を心配に思っているあなた。

少しだけ立ち止まって、手に取ってみて下さい。
まずご遺族のインタビュー記事を載せています。のこされた人がどのような気持ちになるか、実感できるはずです。そしてあなたやご家族を守るための労働法の基礎的な知識をできる限り分かりやすく記載しています。
具体例もたくさん盛り込みました。活用できるものがあるかもしれません。また巻末には相談先のリストも記載しています。ひとりで抱え込まないで下さい。ご家族だけで悩まないで下さい。この本をきっかけにして、少し勇気をだして、相談してみてください。社会はあなたやご家族を必要としています。

私達は社会から過労死等がなくなることを願っております。あなたが、ご家族が、決して過労により命をなくすことのないよう協力させてください。

「過労死等」とは

　2014年に成立した過労死等防止対策推進法（過労死防止法）第2条の定義では、

・業務における過重な負荷による脳血管疾患もしくは心臓疾患を原因とする死亡
・業務における強い心理的負荷による精神障害を原因とする自殺による死亡
・死亡には至らないが、これらの脳血管疾患・心臓疾患、精神障害

とされています。

　長時間にわたる過重な労働は、疲労の蓄積をもたらす最も重要な要因とされ、さらには脳・心臓疾患との関連性が強いという医学的知見が得られています。

　脳・心臓疾患にかかわる労災認定基準においては、週40時間を超える時間外・休日労働がおおむね月45時間を超えて長くなるほど、業務との関連性が徐々に強まり、発症前2か月ないし6か月にわたって1か月当たりおおむね80時間を超える時間外・休日労働が認められる場合は、業務と発症との関連性が強いと評価できるとされています。

　また、業務における強い心理的負荷による精神障害で、正常の認識、行為選択能力や自殺行為を思いとどまる精神的抑制力が著しく阻害され、自殺行為に至る場合があるとされています。

　労働時間は、労働基準法で1日8時間、1週40時間と定められていても、36協定といわれる時間外労働協定によって長時間労働は制度的に可能となっています。現実は、1日10時間以上、1週50時間以上というのが労働者の実感ではないでしょうか。

　厚生労働省が公表した「平成30年版過労死等防止対策白書」では、労働者1人当たりの労働時間について次のようにまとめられています。

「我が国の労働者1人当たりの年間総実労働時間は緩やかに減少している。平成29（2017）年は前年比3時間の減少となっており、5年連続で減少している。総実労働時間を所定内労働時間、所定外労働時間の別にみると、所定内労働時間は長期的に減少傾向が続いている一方、所定外労働時間は、平成21（2009）年以降、増加傾向にあり、平成28（2016）年にわずかに減少したものの、平成29（2017）年は前年比2時間増加の131時間となっている」

労働時間が緩やかに減少しているとのまとめですが、これは1996年頃からパートタイム労働者の比率が高まったことが要因と考えられます。パートタイム労働者の労働時間を含めての総実労働時間を見れば、緩やかに減少していると言えるわけです。しかしながら、パートタイム労働者以外のフルタイム労働者については、相変わらず2000時間を超えてほぼ横ばいで推移しているのです。

総務省「労働力調査」で雇用者（非農林業）の月末1週間の就業時間別の雇用者の割合の推移をみると、1週間の就業時間が60時間以上である者の割合は、2003（平成15）、2004（平成16）年の12.2％をピークとして減少傾向にあります。しかし、2017年は前年比同率の7.7％となっており、月末1週間の就業時間が60時間以上である雇用者数は前年比で約3万人増加し、432万人となっています。これからみると、長時間労働が安定して減少傾向にあるとは言えないのはないでしょうか。

「平成30年版過労死等防止対策白書」から見られる傾向は、30歳代、40歳代で月末1週間に60時間以上就業している者の割合が高くなっており、2015（平成27）年以降、30代男性より40代男性の割合が高くなっています。

これに関連して、過労死等の現状を労災請求上からみてみますと、過労死等は高止まりして横ばい状態で、特に30歳代から40歳代で多発しているのです。（次ページ別表参照）

資料1：過労死等の労災請求件数の推移

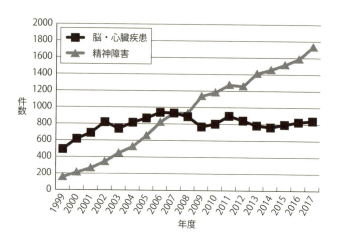

資料2：年齢別に見た過労死等の疾患分類

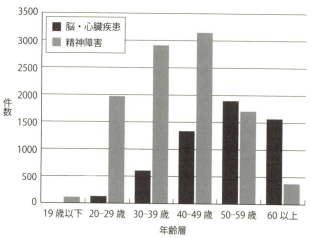

（注）数字は、2011から2017年度の労災請求件数。死亡事案以外を含む。

資料出所：厚生労働省「過労死等の労災補償状況」

巻頭言　2

「過労死等」とは　4

第Ⅰ部　長時間労働・過重労働の被害の実態…………………13

1、なぜ過労死を止められなかったのか⁉

　　　　　ある遺族のお話から　14

　無断欠勤

　　「とにかくやるしかない。絶対負けてなるものか」　15

　休職の診断書

　　それなのに出勤を義務づけられて　17

　応援してしまった私

　　「頑張れ」とまでは言わなかったけれど　20

　唯一の遺書

　　刑事さんが、労基署に行くように言ってくれた　22

　裁判へ

　　「裁判するなら、会社は労災申請に協力しない」　24

　近すぎて救えなかった

　　仕事のことを弁護士に相談できると思わなかった　26

2、裁判でも認められた異常な労働の実態…………………29

　ⅰ広告代理店の労働者が長時間労働により自死したケース

　　【最高裁平成12年3月24日判決】　29

　ⅱ飲食店支配人が長時間労働により心疾患を発症したケース

　　【鹿児島地裁平成22年2月16日判決】　32

　ⅲ精神的負荷の大きい業務により自死したケース

　　【釧路地裁帯広支部平成21年2月2日判決】　35

ⅳシステムエンジニアが長時間労働による心疾患で死亡したケース

【福岡地裁平成 24 年 10 月 11 日判決】 39

ⅴ管理職が長時間労働と精神的な負担により自死したケース

【神戸地裁平成 25 年 6 月 12 日判決】 42

ⅵトラック運転手が長時間労働により脳出血を発症したケース

【熊本地裁平成 19 年 12 月 14 日判決】 44

第Ⅱ部　過労死を防ぐ基礎知識 Q&A･･････････････････47

Q1 上司の指示には必ず従わないといけませんか？　48

Q2 どれだけ働かせると違法になるのですか？　49

Q3 残業代を支払わないでいい場合があるのですか？　52

Q4 残業命令には必ず従わなければなりませんか？　54

Q5 36 協定があれば残業は無制限になるのですか？　55

Q6「過労死ライン」という言葉をよく聞きますが？　57

Q7 休日は法律ではどれだけ保障されていますか？　59

Q8「有給休暇はない」と会社に言われましたが？　60

Q9 有給休暇を取るのに会社の同意が必要ですか？　61

Q10「今は忙しいから有給休暇は取れない」は合法？　62

Q11 働けない労働者は辞めなければいけませんか？　64

Q12 正当な理由がないと会社を辞められませんか？　65

Q13 パワハラにはどう対処すればいいですか？　67

Q14 セクハラにはどう対処すればいいですか？　71

Q15 妊娠等を理由にした不利益があった場合は？　73

Q16 労働者の健康を守るため会社がすべきことは？　76

第Ⅲ部　過労死を防ぐためにできること……………83

1、労働者本人ができること、すべきこと　84

(1) 不安でも、まだ大丈夫と思っている間にできることは何か　84

きっかけ／知識を仕入れる／労働時間を把握してみる／労働時間以外の要素／こんな症状は見られていませんか／考え方の整理／働き過ぎ（長時間労働）は自分のせいだと思う場合／持病がある場合

(2) 今の状態はまずいと考えたときにできることは何か　93

休む／通院する／記録する。証拠を手元に確保する／相談する／会社と交渉する／退避する

2、労働組合ができること、していること　100

(1) 労働組合には何ができるか　100

事業所ごとの36条協定の締結・内容の点検／安全衛生委員会や衛生委員会での協議・情報収集／労働者の労働時間把握・アンケート／過重労働の疑いのある労働組合員との面談、相談／労使協議会・団体交渉での是正要求／産業医との連携など

(2) 労働組合の実際の取り組み例　106

3、会社がすべきこと、上司ができること　110

(1) 組織としての会社がすべきこと　111

長時間労働・過重労働について／メンタルヘルス・パワハラについて

(2) 上司・先輩としてできること、すべきこと　119

4、家族にできること　123

(1) まず、気づくことから　123

長時間労働への気づき／ストレスへの気づき

（2）対応と相談　126

第Ⅳ部　病気になってしまった場合にできること…………129

（1）まず仕事を休みましょう　130

（2）傷病手当金の請求　131

（3）労災申請　131

（4）復職支援　138

（5）その他利用できる方法　139

（6）会社や経営者の責任追及　140

過労死を防ぐための相談窓口　142

編集後記　143

コラム　簡単につくれる労働組合　109

資料1：過労死等の労災請求件数の推移　6

資料2：年齢別に見た過労死等の疾患分類　6

資料3：労働基準法改正に伴う新しい残業時間上限　56

資料4：勤続年数と有給休暇の付与日数　61

資料5：疲労の蓄積度（ハラスメントの有無別）（労働者調査）　69

資料6：仕事に関して労働者が強いストレスを感じる内容　79

資料7：疾患の発症や悪化の不安を感じた理由（正社員）（労働者調査）　85

資料8：脳・心臓疾患の職種別、決定及び支給決定件数　121

資料9：過労死等防止対策推進法の認知度（企業調査）　122

資料10：関係法令の認知度（労働者調査）　122

本書では、使用者（側）、企業（側）、経営（者）、事業主など、使用する側を表す言葉は、「会社」で統一した。従業員、職員など働く側については、「労働者」に統一した。

　労働基準法36条にもとづいて結ばれる残業時間に関する協定（サブロク協定、36条協定など）は「36協定」とし、超過勤務は「残業」または「時間外」に、残業代、時間外手当は「残業手当」としている。

第Ⅰ部
長時間労働・過重労働の被害の実態

1、なぜ過労死を止められなかったのか⁉

ある遺族のお話から

Aさん

夫　春夫さん（仮名）　2014年6月末　自死　55歳
システムエンジニア
結婚20年　子どもなし
2014年1月から6月まで月70時間残業
労災認定
民事訴訟和解　2016年4月

直前の経過

　2014年4月に消費税が増税になることで、その期限までに、ある会社の経理システムを完成させるという業務に取り組んでいたが、休みもなく、長時間の残業をしても3月末には間に合わなかった。納期は5月末に延期になったが、それでもできず、6月末まで、これが最後だという話になった。しかし、6月の末にも完成できなくなった。これで契約解消だということで、上司から叱責を受ける。その翌朝「会社に行ってきます」と言って、会社で一旦仕事を始めたが、ふらふらと外出し、近くのビルの屋上に上がって高層ビルから飛び降りた。

無断欠勤
「とにかくやるしかない。絶対負けてなるものか」

　——かなり残業時間が多かったということですが、様子がおかしいなとか、そういうことを感じたことはありましたか。

　それはずっとありました。亡くなる半年前ぐらいからでしょうか。

　——そのころ、どういう生活を送っていましたか？

　夜中1時頃帰ってきて、システムエンジニアだからちょっとパソコンをいじって、先に寝てていいよとか言って、それでまた朝早く出て行くという日々。

　話をする時間より、とにかく早く寝かしてあげたいと。お風呂に入る前に、ご飯はセットしているからあっためて食べてとか、お風呂だけは入れるように、と言うくらいで。

　——亡くなる半年ほどの間におふたりで出かけたりとかは？

　ご飯を食べに行ったりとかも一回もないです。半年どころか、1年は確実にないです。

　あの会社に入って2年もたってないですけど、それはないです。

　——何故それほど忙しかったのですか？

　夫はある仕事を責任者として2013年9月頃に引き継いでいたようです。それまではパソコンにくわしい社長

が担当していたようなのですが、その頃、社長が倒れて働けなくなったようでした。私は、夫に「仕事は大丈夫？どうなっているの？」と聞いたりはしてましたが、「とにかくやるしかない、絶対負けてたまるもんか、パパがやってみせる」と言っていました。私はパソコンのことはわからないので、「そんなご飯も食べずに終電までやるのは……」と言ったりはしていたんだけど。夫は「夜9時過ぎたらその仕事を集中してできるから、今一生懸命考えているんだ」と言っていました。

　──社長が倒れたことで、次の責任者であるお連れ合いに全部重責がのしかかってきたということですが、今までなかったようなことが起こったりしましたか？

　はい。2014年2月下旬、朝は通常どおり出て行ったんですが、いつも帰りの遅い夫が19時半頃帰ってきたんですね。その日は同居している私の母の誕生日でした。普段は家に帰ってきたらまずすぐにパジャマに着替えるのに、リビングの椅子にコートを着たままずっと座っているんですね。

　私と母が、夫に「どうしたの」って聞いたら、言いにくそうに、「実は今日は会社に行かなかったんだ。僕は社会人として失格だ」と言ったんです。どうしてか聞いたら、「無断欠勤したんだ」と言いました。そこから家族会議になって。

　夫は、「この仕事ができないと、相手側の会社からかなりの損害賠償を請求される。それもウン千万という請

求だ。副社長を法廷に立たせるわけにはいかない」と、しきりに言っていて。母も私もこの際、いくら損害賠償がかかるのか会社に聞こうとなって。それを家族で肩代わりしたら夫を休ませてくれるかもって。普通は社員が尻拭いしてお金を出すことはないんでしょうけど。夫に「仕事辞めなさいよ」と言いました。でも夫は「この会社を辞めたら次はないからこの会社で粘るしかない」と言うんです。

　そうだったら損害賠償をなんとかして、有休をって言おうかって。そんなことをいろいろ言っていたんですが、夜の24時前にとりあえず夫は「辞めたくない」って言ったので、夫が副社長に今日は無断欠勤をしたことを謝る電話をすることになりました。

　副社長は電話の声が私にも聞こえるように、「何してんねん」みたいなことを大きな声で怒っていて。その日は、私の記憶では確か金曜日だったと思うんですけど、日曜日に出てこいって言われて。「わかりました」って日曜日に出て行きました。

休職の診断書
それなのに出勤を義務づけられて

　——3月始め、出勤前に嘔吐。3日後には駅で意識を失って、救急搬送されたということがあったんですね。

　救急車で運ばれた時も、私が社長と副社長にお会いし

に行ったんです。夫の会社はタイムカードがありません
でしたので、夫から毎日帰りますっていう、携帯のメー
ルをもらっていて、それを私がノートに書き出し、この
1年はこうですよって。こうなったらいつでも会社に申
し出るようにしておかないとまずいと思って。無断欠勤
した日に、私は徹夜して、携帯の着信をみて、ノートを
つくったんです。今から帰りますっていうメールの時間
を、遡ったら1年以上あって。そうしたらしばらくして
夫が救急車で運ばれた。

　このノートを持っていってやれと思って。社長と副社
長にノートをちらつかせて。「私は夫から帰宅時間の連
絡をいつももらっているんですけど、夫は一回も休んで
ないですよ」って。で、「せめて3日ぐらいは休ませて
ください」と言いました。それで「失礼ですけど。損害
賠償はいくらかかるんですか、私共で個人的に負担させ
て頂きたく」って言いかけたら、副社長が「いやいや、
そんなことは気にしないで下さい。お金のことは大丈夫
です」ってにこっと笑って言われました。

　夫は救急車で運ばれたにもかかわらず、外から会社に
パソコンをつなげるリモートでやらなければならない仕
事があり、休まなければいけないのに、それでもやれっ
ていう指示が出て。2～3日休んだけれども、その間も
簡単な仕事は家でしてました。

　その時、夫にもう一度確認したら、本人は、「3月末
までは頑張る。日にちがないから。もうないから、もう

第Ⅰ部　長時間労働・過重労働の被害の実態

ないから」って。私はその時点でこれは精神科にかからなければまずいと思い、市内の全部の病院に電話したんです。どこの病院も初診は最近は予約制で2か月待ち、3か月待ちなんですが、1軒だけは、予約なしで見てくれるということで私が電話で見つけておいたんです。いつでも行けるようにしておこうと思って。でも夫はまた会社に行きました。

——復職されて、3月中旬に診察を受けられたということですね。

しばらくたって、「会社に行ってきます」という時の、夫の目がキョロキョロと泳いでいて、目つきがおかしかったんですね。だから私がちょっとお願いだから大阪メンタルクリニック（仮称）というところがあるから、そこに寄ってから会社に行って欲しいと、私からそうしてくれと頼んで。夫がわかったと、従ってくれたんですね。それで病院に行って、診察が終わってから「今診察が終わった。うつ病で2か月休職の診断が出た」と電話で言うのです。それで、「とにかく家にもう1回、戻っておいで」って言ったら、その時は素直に帰ってきた。

夫がリビングから電話で副社長に、「精神科に行ったら、うつ病で2か月休職の診断書がでました」って伝えたんですが、声の大きい副社長ですから私にも聞こえて、「それならどないすんねん！」って。「今から会社に行きます」って夫が言うしかなかったのです。

私は「お医者さんが休みなさいって言っているんだ

ら、休めないの」と聞きました。それでも仕事に出てしまって、夫が帰ってこないので困っていたら、その日は19時半ぐらいに帰ってきて。「どうしてこんな時間までいたの」って聞いたら、「しばらく定時で帰れ」って言われた、と。「診断書見せたの」って言ったら「見せた」って。

　それで、しかたないので診断書はいつでも出せるように机の引き出しに入れておいてって、言った。

　その後、しばらく定時で帰るってくることになり、実際しばらくは、早めに19時半頃に帰ってきてたけど。また気づかないうちに、帰宅が夜中25時ぐらいになってきて。

応援してしまった私
「頑張れ」とまでは言わなかったけれど

　——結局そこから休まず勤務なんですか。

　はい。薬は3月中旬以降は飲んでいました。自殺した時に、ホントは病院に行かなければいけない日だったんです。その日も私には病院に行くって言って。でも、今日は外部からどうしても仕事で大切な人が来るので病院に行ってから会社に行く、って言ったくせに。結局病院に行ってなくて、薬がない状態で、最後死んだんです。

　自殺して戻ってきた会社の鞄を見ると、薬は全部飲み干していて、もうなかったです。

第Ⅰ部　長時間労働・過重労働の被害の実態

――それまでどこかに相談に行くということはできなかったんですか。

知識がなくて。問題は会社が休みをくれるかくれないかであって、休みなさいっていうのは、会社がいいと言わないとダメと思っていたので。どこかに言いにいくっていう知識がない。

――3月の中旬以降もほとんど日曜日も休まずというようなことでしたか？

日曜日だけはどうしても家にいてって言っていたので、日曜日は家にいました。ただ、後からわかったことですが、会社のパソコンを家からリモートして、家で仕事をしていたようです。

私はリモートっていう操作を知らなくて。彼はパソコンで調べ物をしたりして遊んでいるんだと思っていて。彼は昔から他の会社にいた時も、日曜日はパソコンに向かって、調べ物したり、勉強したりするのが好きだったので、まさか、会社のパソコンとつないで仕事をしているとは思わなかったのです。仕事をしていたとあとからわかってびっくりです。でも日曜日も後輩の人と電話はしているなとは思っていたんです。これこれしておいて、ああしておいてって。日曜日なのに、やたらと電話連絡が多いなとは思っていたんですけど。

――本人の方から休みたいというのは一言もなかったんですか。

とにかく、この仕事を終えたら堂々と休みを取って北

21

海道旅行に行くんだと。仕事の山を越えたら、後輩の子と焼き肉に行くからなどと、焼き肉と北海道のことはしきりに言っていました。

「潰れてたまるもんかと、絶対に。絶対にやり遂げる」というようなことで。「損害金額がどうこうよりも、副社長を法廷に引きずり出すわけにはいかない」って。「僕の責任だ」って。

——それを聞いたお気持ちはどうでしたか？

最後は私も彼を応援する方についてしまって。止めるよりは。頑張れとまでは言いませんでしたが、なんとか、なんとかっていう風な気持ちで。

唯一の遺書
刑事さんが、労基署に行くように言ってくれた

——お辛いかもしれませんが、自死を知ったのはどういうきっかけだったのですか？

刑事さんから16時半頃いきなり、晴夫さんの奥さんですかということで、電話がかかってきました。夫が13階から飛び降り、即死でしたって。意味がわからなく、目の前真っ暗になってしまって。警察からは、「（会社に聞いたら）昨日お客さんのところに行って、今日副社長に怒られて、契約解除の決定となって、自殺した模様です」と言われました。

それから警察の方がこられたんですが、私はパニック

22

になっていて。警察で明日の11時半ぐらいまで遺体を預かるから、誰か親戚が来るまで来たらアカン、じっとしとけよ、と言われて。「夫の遺書がないか」って聞かれて、本棚とか、机のまわりとか、バタバタバタと引っかき回して。結局はクリニックに行った時の診断書と、スケジュール表みたいなノートがありました。あと夫の帰宅時間を書いた私のノートを見て、これなんや言うて、説明したらこのノートもいるって持って行った。

　その夜、いつまでたっても会社から電話が入ってこないから、だんだんだんだん腹が立ってきて、本当に死んだのかどうかもわからなくなってきて。誰からも電話がかかってこない。21時頃に会社に妻ですけどって電話したら、社長と副社長が21時半頃に来て、泣いてるわけでもないし、土下座するわけでもないし。たんたんと、「遅くなりました」と。とても腹が立ちました。

　その後、刑事さんが私に一言、「葬式が終わったら必ず労基署（労働基準監督署）に行けよ。労基署にもう電話してあるから、行け。奥さん、このノートを持って行くんや」ゆうて。「ノートは全部、もう警察でコピーしているから。このノートの間違えているところ、足したらアカンで。間違えたままでええから、付け足ししたらアカンで。1ページ空けて携帯電話の履歴残ってるやつちゃんと書いて、労基署持って行け。この先、路頭に迷うことになんねんから、ちゃんと労基署行かないと」と。

　──その後、副社長と話はされたんですか？

夫のお葬式が終わっても、夫の鞄がいつまでたっても戻ってこないので、私はますます腹が立ってきて、会社に「鞄が戻ってきてないんですよ。通夜と告別式に飾ってあげたかったんです」って言って。鞄は入社が決まった時に、夫がうれしそうに買いにいったものです。

　私が怒ったので、副社長が鞄を抱っこするように持ってきたけど、夫は遺書を私に残してなくて。でも夫は幸せになるとかそんなんで、ふくろうを見つけると買うのが好きでした。何年か前に旅行先で携帯電話につける小さなふくろうのストラップを買って、「木だから色が変わるんだ、色が変わるところがいいんだ」って言ってました。

　それを間違いなく自殺の前日も携帯電話につけていました。亡くなった時、携帯電話がバリバリに壊れてたんで、飛び降りた時にふくろうも飛んでなくなったんだなと思ったら、鞄にふくろうがついていて、それが唯一の遺書でした。自分ではそう思った。夫の鞄が戻ってきたって。

裁判へ
「裁判するなら、会社は労災申請に協力しない」

――会社の人は謝罪されたんですか。

　いえ、二人並んで座って、社長はもうほとんど言葉を出さないで、割とでんとしていて、第一声は「参らして

第Ⅰ部　長時間労働・過重労働の被害の実態

くれ」。私は「お参りさせません」って。「なんでですか」って言うから、「怒ってるからですよ。通夜告別式の時は言いませんでしたけど、私は民事で裁判を起こしますから」って言ったら、はっと言って後ろに飛び上がっていました。「こんな扱い受けて、もう49日開けたらすぐに弁護士を探しますんで、そのつもりで。黙っていると思ったら大間違いですから」って言って。会ったのはそれが最後です。

——その後、会社からはどのように？

機嫌をとるかのように、「裁判は勘弁して欲しい、労災で償わせていただきたい。うちの税理士に相談したら、お金はない会社なので、労災で償わしていただくしかないって言われたので、できる限り労災で償わしてもらおうと思っているんで、裁判だけは勘弁してもらいたいです」っていう電話は何回かありましたけど。

——会社にどのように責任追及していきましたか？

6月末に夫が亡くなって、それから会社には色々と言いました。弁護士に初めてお会いして、依頼したのが8月中旬。それから私は会社とは電話できない状態になりましたので、そこからは担当弁護士にガンガン電話をしてしまいました。「先生、これ言うといて下さい、アレも言ってください」と。会社としては突然えらく静かになったという感じはあると思います。

会社は、最初は、裁判をするなら労災には一切協力しないと言っていた。それでも裁判を選択しました。まず

25

は残業代未払いを裁判で争って、色々ありましたが、そこで和解になりました。会社の役員と会社は夫の死亡の責任を認めて謝罪する、会社は労災認定に協力するというように、会社が全面的に非を認める内容でした。

——先に残業代請求というのは珍しいですね。

弁護士　時効の問題もありますし、労災申請のためにもまずは労働時間を正確に把握しなければならないと考えました。証拠集めをして、十分に準備した上で労災申請をしたいと考えました。労災認定を受けたら、その後に会社に死亡の責任を追及する裁判を提起しようと考えていました。ただ、最初の残業代請求の訴訟の中で和解のタイミングがあり、会社や役員に責任を認めさせて労災申請に対する協力を取り付けたのは、労災認定を受けるうえで、とても大きかったと思います。

近すぎて救えなかった
仕事のことを弁護士に相談できると思わなかった

——裁判中、どのような気持ちでしたか？

今思えばとても辛かったです。いつも弁護士の先生に怒りをぶつけていたんです。最初は会社を絶対に許さないと思って。勝訴一本でいってくれと、先生に強く強く言っていました。色々なタイミングが重なり、ギリギリで和解を選択しました。

——会社は許せないという気持ちは今はどうですか？

第Ⅰ部　長時間労働・過重労働の被害の実態

　会社については和解にいたったわけですから、分割払いでも払ってくれたわけですから。私は今後生きていかないといけないので、ここは許していきます。それを選択したわけですから。

　——そういう経験をされたということもあるんですが、今だから言えるようなことは？

　夫と近すぎて救えなかったなぁと。やっぱりどうしても、精神的に応援する側についてしまった。第三者の立場で見ることがやっぱりできなかった。今思うと、私は労基署にそれこそ、これだけの過重労働をしているわけですから、匿名でも、会社名を言って、タイムカードもない会社です、ちょっと見に行ってくれと、調査に入ってくれと言いに行ったりとか、せめてそれぐらいのことはするべきだったと思っています。そういっている間に彼は2月に無断欠勤となり、3月に救急車で搬送。もう、瞬く間に。まだ12月から1月までは怒る元気があったのに。

　——会社に言うか、ガマンするしかないと。

　離婚とかなら弁護士さんって思うんですけどね。会社の問題＝弁護士さんというのは一般人の中にはないように思います。知識不足を認めざるを得ないです。

　——ありがとうございました。

インタビュー後のお話

　自死の前に、労働団体や弁護士さんのところに行けば、夫は自死までしなかったと思います。

　弁護士さんというのは離婚とかサラ金被害とかを何とかしてくれるものと思っていました。休日とか残業とかの管理は会社のルールで決まっていて変えられないと思っていました。

　労働基準法とか法律も知らなかった。本当に知識がなかったんですね。

第Ⅰ部　長時間労働・過重労働の被害の実態

2、裁判でも認められた異常な労働の実態

i　広告代理店の労働者が長時間労働により自死し
たケース
【最高裁平成 12 年 3 月 24 日判決】

> 　広告代理店勤務、入社 1 年。帰宅できないほど
> の長時間労働が続く。早朝帰宅後、自宅で死亡した。
> 最高裁判所は、会社の損害賠償責任を認める内容
> の判決を言い渡した 。

◆長時間労働を黙認する会社

　Aさんは、1990 年に大手広告代理店に新卒で入社し
ました。新入社員研修が終わった 6 月にはラジオ局に配
属され、会社に対してラジオ番組のスポンサーとなるよ
う企画書を作成して勧誘したり、会社が宣伝のために主
催する行事の企画から実施まで行ったりしていました。

　会社では、36 協定により残業時間の上限が 1 日 6 時
間 30 分とされていて、残業時間は労働者が自己申告す
ることになっていましたが、恒常的に長時間労働が行わ
れ、36 協定の上限を超える申告も相当な数に上ってい
たため労働組合との協議でも問題とされていました。ま

29

た、残業の申告も実際よりも少なく申告することが常態化しており、会社はその状態を認識し、労働者の配置に偏りがあることも認識していました。なお、会社では深夜残業した労働者のためにホテルの部屋を確保していましたが、周知されておらず、利用する人はほとんどいませんでした。

◆ Aさんの過重労働とそれによる過労死

　Aさんは、配属された頃から、日中はほとんどラジオ番組のスポンサーになるよう勧誘している会社や他の部署、制作プロダクションとの連絡や打合せで忙しく、午後7時頃に夕食をとってから書類作成を始めるというような状態で、8月頃から翌日午前1、2時頃に帰ることが多くなりました。Aさんは仕事が成功したときの喜びや仕事を任せられている充実感を語っていて、上司もAさんの業務に対する姿勢を高く評価していました。

　しかし、11月末頃から、帰宅できない日が出てきました。家族はAさんに有給休暇を取るようにアドバイスしましたが、「自分が休むと代わりがいない」「かえって後で自分が苦しむことになる」「休暇を取りたいといったことがあるが、上司から『仕事は大丈夫か』と言われて取りにくい」と言って、有給休暇を取ることはありませんでした。

　1991年7月頃、Aさんは出勤したまま帰宅しない日が多くなり、帰宅しても翌日の午前6時半から7時頃で、

第Ⅰ部　長時間労働・過重労働の被害の実態

午前8時頃までに再び出勤するという状況になっていました。家族もできる限りのサポートをしましたが、過労と睡眠不足の結果、疲労困憊した状態になっていて、仕事中も元気がなく、暗い感じでうつうつとし、顔色が悪く、焦点が定まらない状態になっていました。上司も、Aさんの言動に異常があることに気付いていました。

　そして、1991年8月27日、Aさんは午前6時頃に帰宅し、弟に「病院に行く」と話し、午前9時頃には職場に電話で「体調が悪いので会社を休みます」と伝えましたが、午前10時頃、自宅の風呂場で亡くなっていました。

◆裁判所の判断と和解による解決
　Aさんの遺族は会社に対して損害賠償の支払いを求める裁判を提起しました。最高裁判所は、会社は業務の遂行に伴う疲労や心理的負荷等が過重に蓄積して労働者の心身の健康を損なわないよう注意する義務があると述べた上で、上司はAさんが恒常的に長時間労働をして健康状態が悪化していたことを知りながら負担を軽減させなかったことを指摘して、会社が損害賠償する義務を認めました。その後、会社が遺族に対して約1億7000万円を支払う内容で和解を成立させました。

31

ii　飲食店支配人が長時間労働により心疾患を発症
したケース

【鹿児島地裁平成 22 年 2 月 16 日判決】

> 　勤続 2 年の飲食店支配人。売上目標達成の為に
> 半年間に月平均 200 時間の残業。休日もなし。心
> 室細動を発症し、寝たきりになった。裁判所は会
> 社に損害賠償を命じた。

◆名ばかり支配人として月 200 時間の残業

　S さんは、2001 年 6 月から和食レストラン、回転寿
司等の業態で飲食店約 50 店舗を経営する会社で働いて
いたところ、2003 年 9 月よりある店舗の支配人に就任
しました。しかし、以下のような過重労働とストレスに
よって 2004 年 11 月に自宅で就寝中に心室細動を発症し
ました。

　支配人就任当初は、店舗に正社員 5 名が割り当てられ
ていましたが、その後 S さんを含めて 3 名に減少してし
まい、S さんは本社に補充を要請したにもかかわらず正
社員の補充がなされないまま、店舗運営を余儀なくされ
ていました。

　そのような中、S さんは、支配人としての業務のほか、
ホール部門の責任者も兼ねていました。残り 2 名の正社
員はキッチン部門を担当していましたが、人手不足は深
刻で、時には S さんまでもが調理場を手伝っていました。

第Ⅰ部　長時間労働・過重労働の被害の実態

　Ｓさんは、パート、アルバイトの増員等による人員補充を考えましたが、本社が定めた目標人件費率という制約があり、そうすることはできませんでした。

　また、前年度実績等を元に本社で調整した各店舗の売り上げ目標が存在し、目標値の達成を厳しく求められていました。しかし、Ｓさんの店舗では2004年6月から10月にかけて、毎月、その売上目標が達成できない状況が続きました。Ｓさんは「異常な数値反省」「今月こそは数値を収めないと」「今月に入ってから、売りが伴わない。誠に申し訳ありません。とにかく、初心に帰ります」などと目標を達成できていないことに対する反省・謝罪を頻繁に営業報告書に記載するような事態に陥りました。

　そのため、Ｓさんの時間外労働は、発症1か月前で176時間、同2か月から6か月前で平均約200時間に上り、休日以外の勤務日における拘束時間は平均して1日12時間超となり、休日も丸1日の休みが取れることはほとんどなく、発症前、Ｓさんは203日間の連続勤務を強いられていました。しかも、会社はＳさんの時間外労働に対して一切残業代を支払っていませんでした。

◆過労で倒れて寝たきりに
　そのようなＳさんは、2004年夏頃から、職場で「仕事がきつい」「身体がきつい」と訴えるようになり、医師に対しても「仕事で過労がある」「夜3時間しか眠れ

33

ない」と申告していました。徐々に食が細くなっていき、発症直前の1週間は特に食欲が落ち込んで「胃が痛い」と言って、それまで食べていた帰宅後の夕食もほとんど残すようになりました。発症2、3日前からは「胸が痛い」とも訴えていました。

　そしてついに、Sさんは就寝中に「ウーッ」といううめき声を発し、意識不明となりました。家族によりすぐに救急車で病院に搬送されましたが、Sさんは、低酸素脳症による完全麻痺となりました。Sさんは、労災認定を受けましたが、意識不明の寝たきりの状態のまま自宅にて家族から24時間体制の介護を受けています。

◆裁判所の判断

　その後、Sさん及び家族が会社に対して起こした裁判の判決は、会社が長時間労働の実態を正確に把握しようともせず、また店舗が人手不足であること、Sさんの労働が過重なものとなっていることを知りながら、人員要請に至ってもなお店舗に十分な数の正社員を配置することなく人手不足の状態で店舗経営させたこと等を指摘し、これは、Sさんの時間外労働に対して何らのコスト負担も感じない会社がSさんの過酷な労働環境に対して見て見ぬふりをし、これを漫然と放置したということを意味するものであって、会社の安全配慮義務違反は明らかであるとして、会社に対し1億8000万円余りの損害賠償の支払いを命じました。

第Ⅰ部　長時間労働・過重労働の被害の実態

iii　精神的負荷の大きい業務により自死したケース
【釧路地裁帯広支部平成 21 年 2 月 2 日判決】

> 勤続 11 年の農協職員。休職者が相次ぎ、負担増。昇進後も業務と責任が増大し、長時間労働の上、業務の段取りの悪さを上司から叱責され自死。裁判所は会社に損害賠償を命じた。

◆人手不足のツケを一身に背負わされ

　Ｋさんは、大学卒業後の 1994 年 4 月に農協に採用されて販売部青果課に所属していました。Ｋさんは、周囲とトラブル等もなく職務を遂行しており、能力に特段の問題はなく、温厚かつ生真面目で責任感が強い性格である反面、部下や同僚に仕事を割り振ることが苦手で、仕事を抱え込んでしまうタイプでした。

　Ｋさんは、採用から 2004 年までは、休日に加え年次有給休暇も取得できていました。しかしながら、同年 6 月に上司の係長が病気で入院したため、それまで担当していた施設管理業務に加え、係長が担当していた野菜の販売業務も、課長と分担することになりました。同じ頃、青果課に所属する準職員 2 名が交通事故により負傷したため、Ｋさんの業務量は増大し、残業や休日出勤の頻度も増していきました。

　さらに同年 8 月頃からニンジンの集荷・選果が本格的に始まり、Ｋさんの業務負担がさらに増大しましたが、

35

農協は、8月から1か月間程度、アルバイト2名を臨時で増員したものの、それ以降は職員を補充しませんでした。この頃、Kさんは、家族に「絶対的に人が足りない」などと述べていました。

課長も、Kさんの業務負担が2004年6月以降増大し、疲労している様子を見せていたことを知っていましたが、特に問題視せず、Kさんに「大丈夫か」「けがをするなよ」などと時折声をかける程度で、何らの措置も講じませんでした。

Kさんは、同年6月以降、次第に頭痛を訴えるようになり、9月頃から、同僚に「毎日寝付けないし、朝4時か5時には目が覚めてしまいます」などと話していました。11月頃から2005年3月頃にかけて仕事等での全身の疲労感、頭痛、頸肩背部の疼痛等を訴えて脳神経外科病院等を受診しましたが、仕事が多忙であったため、それ以上の通院は実現しませんでした。この頃、Kさんは、家族に「係長ぐらい細かったら仕事でつらいことが周りに分かってもらえるのにな。俺はストレスで太る方だから。いっそ係長みたいに倒れられたら楽になるのにね」と漏らしました。

◆昇進と一緒に業務増大

そのような中、2005年4月、Kさんは青果課係長に昇格しました。同じ時期に青果課に2名の新人が配属されましたが、両名は青果課の業務に不慣れであったため、

Kさんの業務が軽減されることはなく、かえって初めて新人を部下に迎える上司としての苦労を抱えました。

中間管理職となったKさんは、部下との面接、業務上の会合や関係者・団体との打合せ後の飲み会に出席することも多くなり、こうした業務負担の増大もあって、4月には午前6時台の早朝出勤を頻繁に繰り返しました。

新係長としての挨拶まわりと営業を兼ねて出張に行くことが決まった際には、それによって業務が滞ることを思い悩んで、家族に「いっそのこと飛行機が落ちてしまえば楽になるのかな、と思うこともあるんだ」と弱音を吐きました。

◆突発的な事件も重なり追い詰められたうえに

5月12日、出荷用の農作物に異物が混入する事件が発生し、Kさんは責任者の一人として、対応に追われました。Kさんは、同事件の報告が遅れたことを課長に叱責されて、その責任を痛感すると共に、混入した異物の全てを回収できなかったため、今後さらに市場に出荷する製品に異物が混入している可能性を危惧して心理的に追い詰められていました。

5月14日、Kさんは、課長から命じられた業務が滞っていたことをきっかけに、抱え込んでいる仕事を列挙するよう課長に言われて、十数項目におよぶ未済案件を申告しました。課長は、Kさんが抱え込んでいる仕事の中には電話発注など単純な業務も含まれており、Kさんが

担当すべき仕事ではないと判断し、仕事をためないように、担当に仕事をちゃんと渡すように、引き継ぐべき仕事は早く引き継ぐように、などと厳しい口調でKさんを叱責しました。課長の叱責は、一時的に中断していた間はあったものの、断続的に約3時間にもわたりました。その中で、課長は、Kさんに「こんなこともできない部下はいらんからな」などと叱りつけました。課長の叱責の後、Kさんは、部下に「至らない上司ですまん」「どうしていいか分からん」と述べました。

5月15日、Kさんは，明け方に出勤し、「疲れました。いままでありがとうございました。後のことはよろしくお願いします」などと記載したメモ紙を残して、倉庫内で自死しました。

◆労災認定と裁判所の判断

労基署は、長時間労働及び困難な業務で疲れ切っているKさんに対し、農協が認識の甘さから何ら対応を講じず、さらに、Kさんの精神状態を考慮することなく、上司が3時間にも及ぶ叱責をするなどメンタルヘルスの管理を怠っていたこと等を挙げて、Kさんの業務による心理的負荷が「特に過重である」と判断し、それが原因となって「精神症状をともなわない重症うつ病エピソード」に陥り自殺したとして労災と認定しました。

遺族が農協に対して起こした裁判の判決は、農協にはKさんの業務量を軽減する措置を講ずる義務があり、そ

れが可能であったにもかかわらず、1か月間程度のアルバイト2名を増員したほかには特段の負担軽減措置を講じず、さらにKさんを係長職に昇格させているが、Kさんが係長職にふさわしいかどうかを十分検討したかは疑問であり、しかも初めて管理職に就くKさんに対するフォローもなかったと認定したうえで、農協が安全配慮義務をつくし、Kさんの心身の状態に適した配属先への異動を行うなどしてその業務負担を軽減し、労働時間を適正なものに抑えるなどの対応を取り、あるいはKさんの精神的不調を疑い精神科への受診を勧めるなどの措置をとっていれば、Kさんのうつ病エピソード罹患及び自死を防止できた可能性が高かったとして、農協の責任（安全配慮義務違反）を認定し、農協に対し合計1億398万円の支払いを命じました。

iv　システムエンジニアが長時間労働による心疾患で死亡したケース

【福岡地裁平成 24 年 10 月 11 日判決】

　勤続9年のシステムエンジニア。残業時間が1か月120時間を超える長時間労働等により自殺未遂をして休職。約1か月の休職から復帰した直後に、心停止により突然死した。裁判所は会社が業務量の削減等の措置を講じなかったなどとして損害賠償を命じた。

◆慢性的な人員不足や相次ぐトラブル

　1998 年、Ｂさんは情報処理システムの運営等をする会社にシステムエンジニアとして入社しました。

　2006 年 10 月、会社は、取引先会社との間で、人事制度改定に伴うシステム改修プロジェクトを請け負うこととなり、施工期間は 2007 年 3 月 20 日までとされました。Ｂさんもプロジェクトチームの実働メンバーとして配置されました。

　取引先会社で新人事制度が確定しなかったこともあって、プロジェクト全体の工程の見積量が増加するなどしたため、人員不足の状態となっていました。プロジェクトの主任から会社に対して人員補充を求めていましたが、会社はそれに応じませんでした。その後も取引先会社からの仕様の追加・変更が相次いだり、プログラムが正常に動作しないなどのトラブルが発生しました。2007 年 2 月には、プロジェクトメンバーの残業時間が月 127 時間 50 分になっていました。

◆Ｂさんの自殺未遂

　その後も長時間労働が続き、2007 年 3 月 4 日、Ｂさんは勤務時間中に会社から抜け出して所在不明となりました。翌朝、Ｂさんは家族に電話をかけて、勤務先で重大なミスをして逃げ出したことを告げて、繰り返しお詫びの言葉を口にしていました。同日、同僚がＢさんの自宅を訪れたところ、Ｂさんは終始うつむき加減で視線を

合わせようとせず、「会社を出た後、川に飛び込もうか、ずっと考えながらさまよっていた」と言い、「すいません」と何度も謝罪しました。そのとき、Ｂさんの首にはロープで絞めたような赤黒いあざがありました。その日、Ｂさんは家族に対し、朝方に洗濯干し用のビニールロープをカーテンレールに掛けて首を吊ろうとしたが、カーテンレールが重みに耐えられずに床に落ちた、と説明しました。Ｂさんは、プロジェクトリーダーからの指示により、その日から休職することになりました。

◆職場復帰直後の過労死

　約１か月後の2007年４月４日、Ｂさんは職場に復帰しました。職場復帰後、上司から担当部署に対してＢさんの自殺未遂の件につき申し送りをしたことはなく、勤務時間を軽減する措置を講じるよう求めたこともありませんでした。Ｂさんは、復帰後はホテルに滞在しながら出勤し、４時間～５時間程度の残業をしていました。

　2007年４月８日、Ｂさんは出社しませんでした。消防署員がホテルからの通報を受けてＢさんが宿泊していた部屋に入ったところ、ベッドの中で死亡していました。死体検案の結果、Ｂさんの直接の死因が致死性不整脈であることが判明しました。

◆裁判所の判断

　裁判所は、職場復帰前のＢさんの職務について、残業

41

時間が100時間を超えていたことやプログラムが動作しない不具合により精神的緊張をもたらしたこと等の事情から、脳・心臓疾患の発症をもたらす過重なものだったと判断しました。また、職場復帰後の職務についても、労働密度は大きくないが、Bさんに相当のストレスをもたらすものであったと判断しました。その上で、裁判所は、会社が業務量の削減等の措置を講じなかったことやBさんの職場復帰後の体調に配慮しなかったこと等の事情から、会社に対して合計約7000万円の損害賠償を命じました。

v　管理職が長時間労働と精神的負担により自死したケース

【神戸地裁平成25年6月12日判決】

　勤続27年の検査員。室長でもあった。1か月約100時間の残業や職務の心理的負荷によりうつ病となり自殺した。裁判所は会社が時間短縮や助言の義務を欠いたとして損害賠償を認めた。

◆**実現困難な要求**

　Cさんは、1979年に、主に非破壊検査を取り扱う会社に入社し、開発技術等の業務に従事してきました。Cさんは責任感が強く几帳面な性格で、仕事の面では完璧主義の傾向があり、部下の仕事に手を入れ過ぎたりする

傾向がありました。

　2004年4月、Cさんは検査プロジェクト室の室長に就任しました。翌年5月、Cさんは上司から検査プロジェクトの将来戦略の策定を命じられました。Cさんは、それまでの経験から既存の顧客との取引拡大に合わせて検査員を確保することが重要だと考えていたので、その考えを反映させた中長期計画を立てました。しかし、上司は、実現が困難な目標売上額を設定した上で、修正を求めました。結局、Cさんは、会社の要求と実現可能性の板挟みになって、計画を完成させることができないままでいました。

　また、会社では、売上が増大する中で検査員が確保できない状態となっていました。本来、検査員の確保は検査プロジェクト室長の職務ではありませんでしたが、Cさんが検査員確保のために会社内部や協力会社と交渉していました。それでも、検査員の確保が困難だったので、重要顧客の検査を断らなければならないこともありました。

◆**深まる孤立と過労自死**
　そのような状況の中、死亡事故を含む労災事故が相次ぎ、ますます検査員の確保が難しくなりました。Cさんは、良き相談相手が突然亡くなったことなどの事情から、検査プロジェクト室長として抱える悩みを相談することができないまま、孤立を深めていきました。

2005年10月頃には、食事の席で涙を見せながら「辞めたい」と話すようになったり、家族に対して「会社を辞めてもいいかなあ」「会社にいると遺書が書きたくてたまらなくなる」などと言うようになりました。そして、2006年1月18日、Cさんはホテルの一室で自死しました。Cさんの2005年4月から死亡するまでの残業時間は1か月平均約100時間に上っていました。

◆裁判所の判断

裁判所は、Cさんの職務が質的にも量的にも過重であったと判断し、会社はCさんの勤務実態を把握して労働時間を短縮したり、検査員の確保や中長期計画の策定の進捗状況を聞き取って適切な助言をしたりする義務があったのにそれを怠ったとして、約1億1000万円の損害賠償の支払いを命じました。

vi トラック運転手が長時間労働により脳出血を発症したケース

【熊本地裁平成19年12月14日判決】

勤続10年のトラックのドライバー。過重労働によって脳出血を発症。その後遺症により片麻痺となった。裁判所は、発症前約1か月間に24時間以上の連続休息がなかったことなどから、会社に損害賠償を命じた。

第Ⅰ部　長時間労働・過重労働の被害の実態

◆長時間の運転業務

　Dさんは、1991年に運送会社に入社し、トラック運転手として自動車部品等を輸送する業務に従事していました。

　Dさんの勤務は、午前3時過ぎに自動車部品を積載したトラックを運転して埼玉県にある営業所を出発し、長野県内のパーキングエリアで愛知県にある営業所から向かってきた空荷のトラックの運転手と交代してトラックを乗り換え、空荷のトラックを運転して埼玉県内の営業所に戻り、空のケースを下ろして午後2時頃に駐車場にトラックを駐車するというものでした。このパターンを火曜日から金曜日まで行い、土曜日は長野県内のパーキングエリアでトラックを乗り換えずに、埼玉県の営業所から愛知県の営業所まで運転して行き、火曜日の早朝（午前3時すぎ）に出発する勤務に間に合うように埼玉営業所に戻るというパターンを行っていました。Dさんは、パーキングエリアでトラックを乗り換えるパターンの勤務のときは高速道路を使用していましたが、乗り換えないパターンの勤務のときは、経費節減のために一部区間を除いて一般道を走行していました。

◆脳出血の発症と重大な後遺症

　Dさんは、2001年3月4日午前8時頃、長野県内をトラックで走行中、脳出血を発症しました。Dさんは救急搬送され、直ちに入院しましたが、脳出血の後遺症に

45

よる左片麻痺が残ってしまいました。

◆**裁判所の判断**

　裁判所は、特に積載量10トン以上のトラックの運転はもともと精神的緊張を伴うものである上、Dさんの業務が脳出血発症直前の2か月間、拘束時間が深夜から午後まで、1日12時間を超えて業務に従事していること、週末にも埼玉県の営業所と愛知県の営業所との間を往復しなければならず、その大部分を高速道路ではなく積雪量の多い群馬県、長野県、岐阜県の一般道を走行せざるを得なかったこと、埼玉県の営業所には運転手がDさん1名しか配属されておらず業務を交代することができなかったこと、積荷の納入先が繁忙期を迎えたら休日を返上しなければならなかったこと、脳出血を起こす直前には通常の業務に加えて病気により欠勤した同僚に代わって本来なら睡眠を取っている時間に通常と異なる業務も行っていること、2001年1月30日から脳出血発症までの間、24時間以上連続して休息したことはなかったことなどから、Dさんの業務は相当程度の疲労を蓄積させるものだったとして、過重労働によって脳出血が生じたと認定し、約4200万円の損害賠償の支払いを命じました。

第Ⅱ部
過労死を防ぐ基礎知識 Q&A

労働法の基本的な知識を知っておくことは、身を守るために役立ちます。何が違法なのかを知っておくことで、現状の何がおかしいのかに気づくことができるでしょう。

Q1

上司の指示には必ず従わないといけませんか？

A：上司の指示には基本的には従う義務はありますが、違法な指示等従わなくてもよいものもあります。上司の指示にはすべて従わなければいけないと思い詰める必要はありません。

　労働契約は、労働者が労務（労働力）を提供し、会社がその対価として賃金を支払う契約のことをいいます。労務を提供させるにあたり、会社は労働者の時間を拘束し、「指揮命令下におく」ことができます。

　もっとも、指揮命令するといっても、労働者を服従させることとは異なります。会社は労働者に対して、勤務時間内に、業務に必要な範囲で、働いてもらうことができるだけで、服従させること等は当然できません。

　業務と関係のないことを指示したり、処理できない不可能な業務を指示したり、服従させようとしたり、プライベートに踏み込んで指揮命令することは、指揮命令で

48

きる範囲を超えており、違法です。勤務時間外に指揮命令をすることも違法になります。

　指揮命令をしておきながらその労働時間に対応する賃金を支払わないことも違法になります。また、会社は労働者の健康や安全に配慮しなければならず、そのような配慮がされていない指揮命令は違法になります。

　違法な指揮命令に従う義務はありません。

Q 2

どれだけ働かせると違法になるのですか？

A：様々な例外がありますが、原則としては、1 日 8 時間、1 週 40 時間を超えて働かせることは違法です。

労働時間規制の原則

　労働基準法 32 条により、会社は、労働者に、休憩時間を除いて、1 日 8 時間を超えて労働させてはならず（同条 2 項）、1 週 40 時間を超えて労働させてはならないとされています（同条 1 項）。これは働き過ぎを防止し、労働者の生命・安全を守るためです。

　したがって、1 日 8 時間、1 週 40 時間を超えて働かせた場合、後述する 36 協定（時間外労働・休日労働協定）を労働者の過半数で組織される労働組合（そのような労働組合がない場合は労働者の過半数を代表する者）と締結

している場合を除いて、原則として、違法になります。加えて、会社は、後述する残業手当を支払わなければなりません。サービス残業は違法です。このように36協定を締結しており、残業手当を法律通り支払う限り、適法になります。

これに違反して労働者に労働させた会社には、刑事罰による制裁がありますし（同119条）、労働者とこうした規制に違反する合意を個々にした場合でも、その合意は無効となり、無効となった部分は上記の基準のとおりに修正されます（同13条）。

労働時間規制の例外

1日8時間、1週40時間の労働時間規制には例外があります。10人未満の商業やサービス業等では、現在週44時間制がとられています。

また、「管理監督者」等については、休暇・休業や深夜の残業手当の規制を除いて、労働時間に関する規制は適用されません（同41条）。

「管理監督者」に当たるかどうかは、肩書きの名称ではなく、労働条件の決定その他労務管理に関して経営者と一体的立場にある者といえるか否かを、実態に即して判断することとされています（昭63.3.14基発150号、平20.9.9厚生労働省労働基準局長通達）。

さらに、働き方改革関連法の成立で、新しく導入された制度が、高度プロフェッショナル制度です（改定労働

第Ⅱ部　過労死を防ぐ基礎知識 Q&A

基準法 41 条の 2）。これは一定の「高度専門業務」につく労働者について、労働基準法上の労働時間・休憩・休日・深夜労働に関する規制が適用されなくなる制度です。労働時間規制は、労働者の健康・生命保護のために設けられていますので、極めて問題の大きい制度で、働き方改革関連法が成立する過程で「残業手当不払い法」や「過労死推進法」と批判されていました。

　高度プロフェッショナル制度を導入するには、労基署に届け出る等の厳格な要件が必要となり、簡単に導入できるものではありません。現在のところ、対象となる労働者には年収要件があり、「賃金が労働者の平均賃金の 3 倍を相当上回る水準（厚労省令で定める）以上」と記載されています。具体的には年収 1075 万円を想定されていますが、今後引き下げられていく可能性があります。

休憩時間

　会社は、労働者に対して、労働時間が 6 時間を超え 8 時間以内の場合は少なくとも 45 分、8 時間を超える場合は少なくとも 1 時間の休憩時間を労働時間の途中に与える義務があります（労働基準法 34 条 1 項）。これらの時間の休憩を与えなければ、違法となります。労働が長時間継続すると、労働者の心身に疲労をもたらすうえ、災害が起きやすくなったり、能率が低下したりするおそれもあるので、疲労回復のために休憩時間を与えることとしたものです。

51

労働者は休憩時間を自由に利用することができます（労働基準法 34 条 3 項）。こうした自由利用を保障された休憩が与えられなかった場合には、違法です。それによる精神的苦痛について慰謝料請求が認められる場合があります（住友化学工業事件・最高裁昭和 54 年 11 月 13 日判決）。もっとも、休憩時間の自由利用の原則は、施設管理の必要および職場規律の維持の必要に基づいて制約を受けます。ここでいう職場規律の内容は、他の労働者の休憩の確保や、休憩終了後の円滑な労働の再開、休憩中の事業活動の運営などが挙げられるでしょう。この点に関して、会社が休憩中の外出を制約できるかが問題となります。行政解釈は、事業場内において自由に休憩できるかぎりは、外出許可制（許可制とは、原則的禁止を前提に、許可がある場合に禁止を解除するものです）をとっても差し支えないとしていますが（昭 23.10.30 基発 1575 号）、学説の多くはこれに批判的です。

Q3

残業代を支払わないでいい場合があるのですか？

A：ありません。労働者に時間外労働や休日労働をさせた場合は、会社はその労働時間に対応する残業代を支払わなければなりません。

第Ⅱ部　過労死を防ぐ基礎知識 Q&A

　会社が労働者に対し、時間外労働や休日労働をさせた場合には、法令の定める率以上の率の残業手当を支払わなければなりません（労働基準法 37 条 1 項）。後述する 36 協定（時間外労働・休日労働協定）を締結していない違法な時間外労働や休日労働であったとしても、労働者に時間外労働や休日労働をさせた場合は、会社は残業手当を支払わなければなりません。

　割増率は、法定の時間外労働については 2 割 5 分、休日労働については 3 割 5 分と定められています（平 6.1.4 政令第 5 号、割増賃金令）。なお、1 か月の時間外労働が 60 時間を超えた場合は、その超えた時間の労働については、通常の労働時間の賃金の 5 割以上の率で計算した残業手当を支払わなければならないとされていますが（労働基準法 37 条 1 項但書）、この規定は当分の間中小企業に適用されません。ただし 2023 年 4 月 1 日から、中小企業の残業手当率の適用猶予は廃止される予定です。

　また、会社が労働者に対し、午後 10 時から午前 5 時までの間に労働をさせた場合には、深夜労働として、通常の労働時間の賃金の 2 割 5 分以上の率で計算した残業手当を別に支払う必要があります（同 37 条 4 項）。

　残業手当の支払いを会社に命じる労働基準法 37 条の規定は、会社に適正に残業代を支払わせて、長時間労働を抑制し、労働者の命と健康を守り、家庭生活や社会生活の時間を確保するためのものです。会社が残業手当をきちんと支払わずに、残業させることは，サービス残業

53

となり違法です。

　なお、残業手当は、1分単位で計算して支払われなければなりません。

Q4

残業命令には必ず従わなければなりませんか？

Ａ：残業命令には基本的に従わなければなりませんが、違法な残業命令には従う義務はありません。また上司の残業命令が合理的なものであっても、労働者にやむを得ない理由があれば、その命令が権利濫用とされ、違法・無効になる場合があります。

　残業命令に従わなかった労働者を会社が懲戒処分をしたケースで、残業命令に合理性があるとして、残業命令に従う義務を認めた裁判例があります（日立製作所武蔵工場事件・最高裁平成3年11月28日判決）。

　しかしながら、業務と関係のないことについて残業命令をしたり、処理できない不可能な業務を残業命令として指示したり、プライベートに踏み込んで残業命令をしたりすることは、業務命令に合理性がないとして違法になるでしょう。

　また、目の疲れを理由に残業を拒んだ労働者と会社側が争った裁判で、東京高裁は「やむを得ない理由がある

第Ⅱ部　過労死を防ぐ基礎知識 Q&A

ときには労働者は残業命令に従う義務がない」と判断しました（トーコロ事件・東京高裁平成9年11月17日判決）。

　すなわち、36協定や就業規則があったとしても、労働者が無制限に残業をしなければならないわけではありません。上司の残業命令が合理的なものであっても、労働者にやむを得ない理由があれば、その命令が権利濫用とされ、違法・無効になる場合があります。

Q5

36協定があれば残業は無制限になるのですか？

A：36協定で定める労働時間の延長にはこれまで上限がありませんでしたが、働き方改革関連法に伴って、不十分ながらも、上限が定められました。

　36協定とは、労働基準法第36条に定められたもので、時間外労働・休日労働について、会社が労働者の過半数で組織される労働組合（そのような労働組合がない場合は労働者の過半数を代表する者）と締結する協定のことです。

　36協定を締結し、所轄の労働基準監督署長に届け出ている場合は、会社は労働者に対して、1日8時間・1週40時間を超え残業させても、休日に労働させても違法ではありません（もちろん，残業代を適正に支払わなけ

55

資料３：労働基準法改正に伴う新しい残業時間上限

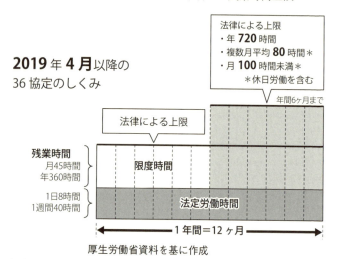

厚生労働省資料を基に作成

（注）中小企業は 2020 年 4 月施行（業種による例外があります）。

れば、残業手当未払いという意味で違法になるのは前に述べたとおりです）。

しかし、同条は、時間外労働・休日労働を無制限に認める趣旨ではなく、時間外・休日労働は必要最小限にとどめられるべきものであり、労使がこのことを十分意識した上で 36 協定を締結する必要があります。また 36 協定を結ばないで残業を命令することは違法になります。

36 協定において定める労働時間の延長の限度ですが、2018 年 6 月、働き方改革関連法の成立に伴って、労働基準法等が改定されました（上図）。時間外労働の上限について、1 か月 45 時間、1 年 360 時間を原則とし、「臨時的な特別の事情」がある場合は 1 年 720 時間（休日労

働含まない）、単月 100 時間未満（休日労働を含む）、複数月平均 80 時間（休日労働を含む）を限度として設定されました。休日労働を含めて最大年間 960 時間を超えたり、最大 1 か月 100 時間以上の労働時間になれば、会社に罰則が適用されることになりました。働き方改革関連法の成立に伴うこれらの規定は、2019 年 4 月 1 日から施行されましたが、中小企業には 2020 年 4 月 1 日から施行されることになりました。もっとも、上限が高すぎるという批判もあります。

Q 6

「過労死ライン」という言葉をよく聞きますが？

A：労災認定の基準として、厚生労働省が定めた脳・心臓疾患の業務上認定の基準（平 13.12.12 基発第 1063号）に表れた考え方のことです。健康障害リスクが高まる時間外労働時間のラインが記されています。

　過労死が社会問題化するに伴って、厚生労働省は労災認定の基準として、脳・心臓疾患の業務上認定の基準を定めています（平 13.12.12 基発第 1063 号）。過労死ラインとは、この認定基準に表れた考え方であり、健康障害リスクが高まるとする時間外労働時間を指すもので、以下のような基準となっています。

①発症前の１か月～６か月間にわたって、時間外労働が、１か月あたりおおむね 45 時間を超えて長くなるほど、業務と発症との関連性が徐々に強まる。

②発症前２か月間ないし６か月間のいずれかの期間において、１か月当たりおおむね 80 時間を超える時間外労働が認められる場合（≒月平均 80 時間の時間外労働が２～６か月続いた場合）、業務と発症との関連性は強い。

③発症前１か月間におおむね 100 時間を超える時間外労働が認められる場合、業務と発症との関連性は強い。

たとえば、１日８時間勤務として１か月の労働日を 20日とした場合、１日 12 時間勤務する、すなわち１日あたり４時間の時間外労働をすることが、うつ病発症前２か月間ないし６か月間のいずれかの期間にわたって続いた場合、過労死と認定される可能性が高くなるのです（4時間× 20 日＝ 80 時間）。

このようにいくつか基準となる時間外労働時間はあり、これらの基準は「過労死ライン」と呼ばれています。

このように多くの時間外労働を余儀なくされた場合、仮に 36 協定等が締結され、残業手当が支払われていた場合でも、会社が労働者を長時間勤務させて酷使したとして、労働者に発生した健康被害に対し、労災が認定されるとともに、会社の安全配慮義務違反として違法になる場合があります。

58

第Ⅱ部　過労死を防ぐ基礎知識 Q&A

Q7

休日は法律ではどれだけ保障されていますか？

A：会社は労働者に、原則として、毎週少なくとも1回の休日を与えなければなりません。

　労働基準法35条1項により、会社は労働者に、毎週少なくとも1回の休日を与えなければなりません。毎週1日の休日を与えなければ、違法になります。

　労働基準法は、1日8時間・1週40時間を法定労働時間とし、週休2日制を想定していますが、週休2日制までは義務化せず、最低基準としては週1日の休日を要求するに留めています。

　なお、会社が4週間を通じ4日以上の休日を与える場合には、週休1日の原則は適用しないとされています（労働基準法35条2項）。これを変形休日制といいますが、この制度を実施するためには、変形制の単位期間の起算点を就業規則等に記載することが必要であり、記載がなければ違法です（労基則12条の2第2項）。

　なお、休日とは、労働契約であらかじめ定められた、労働者が労働義務を負わない日をいいます。

59

Q 8

「有給休暇はない」と会社に言われましたが？

A：会社が有給休暇を与えないことは違法です。「有給休暇がない」会社はありません。

　有給休暇（法律上は「年次有給休暇」）は、有休や年休とも呼ばれ、労働者が心身をリフレッシュしたり、自己啓発をしたり、プライベートな用事を済ませたりするために、賃金を受け取りながら取ることができる休暇のことです。入社日から6か月間勤務し、その期間の8割以上出勤した労働者には、10日の有給休暇を与えなければなりません（労働基準法39条1項）。1年6か月以上継続勤務した場合は、継続勤務年数に応じて有給休暇が年間20日まで毎年加算（最大40日）されます（労働基準法39条2項）。パートタイム労働者やアルバイトにも、有給休暇を与えなければなりません（右ページ資料4参照）。

　会社が有給休暇を与えないことは違法です。仮に、労働契約書に有給休暇を与えないという規定があったとしても、そのような規定は違法で無効です。

　また、働き方改革関連法の成立とともに労働基準法が改定されましたが、その中には有給休暇の改定も含まれます。有給休暇の取得を促進するという観点から、会社

第Ⅱ部　過労死を防ぐ基礎知識 Q&A

資料4：勤続年数と有給休暇の付与日数

●1週間の所定労働時間が30時間以上、または1週間の所定労働日数が5日以上の労働者

勤続年数	6か月	1年6か月	2年6か月	3年6か月	4年6か月	5年6か月	6年6か月以上
付与日数	10日	11日	12日	14日	16日	18日	20日

●1週間の所定労働時間が30時間未満で、かつ1週間の所定労働日数が4日以下（または年間所定労働日数216日以下）の労働者

週所定労働日数	年間所定労働日数	勤続年数と付与日数						
		6か月	1年6か月	2年6か月	3年6か月	4年6か月	5年6か月	6年6か月以上
4日	169～216日	7日	8日	9日	10日	12日	13日	15日
3日	121～168日	5日	6日	6日	8日	9日	10日	11日
2日	73～120日	3日	4日	4日	5日	6日	6日	7日
1日	48～ 72日	1日	2日	2日	2日	3日	3日	3日

は、年10日以上の有給休暇が与えられる労働者に対し、原則として、そのうち5日は、毎年、日付を指定して与えなければならないことが規定されました（改定労働基準法39条7項）。

Q9

有給休暇を取るのに会社の同意が必要ですか？

A：労働者は有給休暇を取るために会社から同意を得る必要はありません。労働者は有給休暇を自由に取得できるのが原則です。

　法律上、労働者は有給休暇を取るために会社から承認

を受ける必要はありません（林野庁白石営林署事件・最高裁昭和48年3月2日判決）。つまり、労働者が一方的に有給休暇を取ることを決めることができるのです。したがって、有給休暇を取るのに，会社の同意を必要とすることは違法です。

また、労働者は有給休暇を自由に取得できるのが原則で、会社は、事業の正常な運営が妨げられるような事情がある場合を除き、有給休暇の取得を拒否することはできません。そのような事情がないにもかかわらず、会社が有給休暇の取得を拒否することは違法になります。

なお、会社が、労働者が有給休暇を取得しようとする日の数日前に取得の手続きを要求することは、合理的な理由があれば許されるとされています（電電公社此花局事件・最高裁昭和57年3月18日判決）。

Q10

「今は忙しいから有給休暇は取れない」は合法？

A：労働者が有給休暇を取得しようとするとき、会社は時季変更を求めることができる場合がありますが、「日常的に業務が忙しい」とか、「慢性的に人手が足りない」というだけでは、会社が時季変更できる場合にはあたりません。

労働者が有給休暇を取得しようとした場合、それにより事業の正常な運営が妨げられるような事情がある場合には、会社は有給休暇の取得を拒否することができます。これを、時季変更権といいます。

　「事業の正常な運営が妨げられるような事情」があるかどうかは、妨げられる事業の内容、規模、労働者の担当業務の内容、業務の繁閑、取得しようとしている有給休暇の日数、他の労働者の休暇との調整など諸般の事情から総合的に判断されます。

　簡単にいうと、「日常的に業務が忙しい」とか、「慢性的に人手が足りない」というだけでは、「事業の正常な運営が妨げられるような事情」があるとはいえません。そう考えないと、人手不足の事業場では誰も有給休暇が取れなくなるからです。

　また、会社は、労働者が取得したい日に有給休暇が取れるように配慮しなければなりません（弘前電報電話局事件・最高裁昭和62年7月10日判決）。そのような配慮をせずに時季変更権を行使することは許されません。

　具体的な「配慮」の内容はさまざまですが、代わりに勤務する労働者の確保が特に重要となります。会社は、有給休暇を取得する労働者の職務の内容や代替の労働者を確保するための時間的余裕などを踏まえて、可能な限り代替の労働者を確保するよう配慮しなければなりません。

Q11

働けない労働者は辞めなければいけませんか？

A：働けなくなったとしても、そのような労働者を守る制度が色々あり、辞めなくても良い場合があります。早まって辞めてしまわないようにしてください。

　労働者自ら「辞める」という行動（退職届や辞職願を作成、提出するなど）を取らなければならない義務は、いかなる場合にもありません。逆に、労働者がたとえ形式的にでも「辞める」という行動をとり会社が了解した場合は、「合意退職」となり、辞めたという効果が原則として発生します。

　労働者が「辞める」という行動を取らない場合に、会社が労働者と合意せずに辞めさせようとする行動が、「解雇」ということになります。

　この「解雇」には、法律上様々な制限がかかっており、例えば働けなくなった原因が仕事（業務上の負荷）に主としてあるのであれば、労働災害（労災）として、療養のために会社を休む期間及び療養終了後30日間は解雇ができません（労働基準法19条。その間の収入の保障が、労災の休業補償制度）。また、会社が有効に「解雇」を行うことができるのは、「客観的に合理的な理由」があり解雇が「社会通念上相当」な場合に制限されています（労

64

働契約法16条）。そこで、例えば、前述した有給休暇も残っていない、就業規則に休職などの規定もない（なお、休職中などの収入保障として「傷病手当」の制度があります）、療養を待つことができない、別の仕事への配転や業務の軽減等による対応もできない、といった例外的な事例でもなければ有効に「解雇」はなされないと考えることが可能です。

また、会社が労働者が自ら「辞める」という行動をとるように直接働きかける（「退職勧奨」など）ことがありますが、労働者が「辞めない」という意思を明確にしているのに、執拗に勧奨を続けることは、違法となり損害賠償の対象となります

会社が「解雇」に踏み切り退職扱いを強行する（出勤しても入場を拒否する、退職になった旨の通知や離職票などを送りつける、解雇予告手当を一方的に振り込んでくるなど）ような場合には、就労意思を明確に伝える（内容証明郵便など）、失業給付の「仮」給付を受けるなどの対抗方法があります。

Q12

正当な理由がないと会社を辞められませんか？

A：基本的には、正当な理由がなくても、会社を辞めることができます。労働者が会社を辞める自由は広く認

められています。

　労働者が会社を「辞める」（会社と合意することなく退職する）ことは、広く認められます。それが認められないと人身拘束になりかねません。
　特に、雇用の期限が定められていない場合は、就業規則や労働契約で特段の定めがなければ、労働者が退職を申し入れてから２週間後に原則として労働契約は終了します。それより長い定めがある場合（例えば、「１か月前までに申し出なければならない」）でも、引継に要するなど合理的な必要期間を超えて長期間拘束することになる定めは無効となると解されます。
　雇用の期間が定められている場合は、「期間満了」のタイミングであれば自由に辞められますし、「期間」の途中であっても「やむを得ない事由がある」ときには辞めることができるとされており、この「やむを得ない事由がある」とは、例えば、体調を壊したとか会社の働かせ方に違法がある、「期間」といっても形式的で長年「更新」されている、といった事由で足りると解されます。
　「引継を終えるまで辞められない」「後任を見つけてこないと辞められない」などということはもちろんありません。
　「辞めたら損害賠償」ということも、辞める自由がある以上、基本的に認められません。特に、過重な労働や労働環境に耐えかねて退職するとか、体調を壊したため

第Ⅱ部　過労死を防ぐ基礎知識 Q&A

退職するといったケースで損害賠償が認められることはほぼ考えられません。会社にとっては労働者の退職によって「損害」が発生することはあるかもしれませんが、その損害を退職した労働者の責任とすることはできません（また、例えば、期間のわかっている社内プロジェクトに応募して従事していたのにその途中で転職活動を行った挙げ句に期間中に退職した、というようなケースであれば損害賠償が認められることがあるかもしれませんが、それでも「損害」の全部の賠償が認められることはなく、「信義則上相当」な範囲に制限されます）。

　実際の対応方法としては、（会社が合意しなくても）退職する旨と時期（合理的に先の時期）を明確に伝えるとともに伝えた証拠を残し、またその時期までの間に業務の引継等や備品や場所の返還等はなるべく行っておくというのが、スムーズな方法と思います。

Q13

パワハラにはどう対処すればいいですか？

A：会社が就業規則などで、パワーハラスメントの禁止を定め、社内外に相談窓口を置いていることがあります。他の相談先としては、労働組合、弁護士、労働局の総合労働相談コーナーなどもあります。労働組合に加入し、就労環境の是正を求めて団体交渉をすることも有用

な手段のひとつです。パワーハラスメントをした加害者や会社に対しては、損害賠償を請求できる場合があります。

　パワーハラスメントとは、同じ職場で働く者に対して、職務上の地位や人間関係などの職場内での優位性を背景に、業務の適正な範囲を超えて、精神的・身体的苦痛を与え、又は就業環境を悪化させることを言います。

　パワーハラスメントを直接規制する法律はありませんが、裁判例においては違法と判断され、損害賠償請求が認められているものもあります。パワーハラスメントは、労働者の尊厳や人格を傷つける行為であるため、会社において防止対策を講じることが望ましいと考えられています（平23年度「職場のいじめ・嫌がらせ問題に関する円卓会議ワーキング・グループ報告」）。

　パワーハラスメントの行動類型としては、主に、次の6つが挙げられます（平24年1月厚生労働省「職場のいじめ・嫌がらせ問題に関する円卓会議ワーキング・グループ報告」参照。但し、「これ以外はハラスメントに当たらない」ということではありません）。

　①身体的な攻撃（暴行・傷害）……蹴る、胸ぐらを掴むなど

　②精神的な攻撃（脅迫・名誉毀損・侮辱・ひどい暴言）……ミスを皆の前で大声で言う、無能扱いする発言など

資料5：疲労の蓄積度（ハラスメントの有無別）（労働者調査）

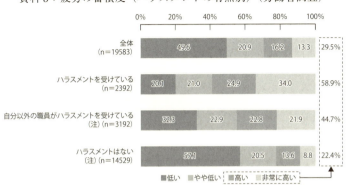

（資料出所）厚生労働省「「平成27年度過労死等に関する実態把握のための社会面の調査研究事業」（委託事業）
（注）複数回答も含まれている。

③人間関係からの切り離し（隔離、仲間外し、無視）……挨拶しても無視する、部署の食事会に誘わないなど

④過大な要求（業務上明らかに不要・遂行不可能なことの強制、仕事の妨害）……1人では無理な仕事を押し付ける、終業前に過大な仕事を押し付けるなど

⑤過小な要求（業務上の合理性がなく、能力や経験とかけ離れた程度の低い仕事を命じる）……営業なのに倉庫整理などを必要以上に強要する、草むしりだけを命じるなど

⑥個の侵害（私的なことに過度に立ち入る）……休暇の理由を根ほり葉ほり聞くなど

職場内の優位性とは、職務上の地位に限らず、人間関係や専門知識、経験などの様々な優位性が含まれます。

そのため、上司から部下に対する場合だけでなく、同僚から同僚に対する場合、部下から上司に対する場合もあり得ます。

但し、業務上必要な指示や指導を、労働者が不満に感じる場合でも、業務上の適正な範囲内で行われている場合には、パワーハラスメントには当たりません。

法律には直接の規制はありませんが（パワハラ対策を会社に義務づける立法作業がすすめられています）、会社が就業規則などで、パワーハラスメントの禁止を定め、社内外に相談窓口を置いていることがあります。他の相談先としては、労働組合、弁護士、労働局の総合労働相談コーナーなどもあります。労働組合に加入し、就労環境の是正を求めて団体交渉をすることも有用な手段のひとつです。

パワーハラスメントをした加害者や会社に対しては、損害賠償を請求できる場合があります。

また、パワーハラスメントの被害を受けて、精神障害を発症した場合には、労働災害として労災保険の給付を受けられる場合があります（「心理的負荷による精神障害の認定基準について」平 23.12.26 日基発 1226 第 1 号）。

パワーハラスメントのみ（長時間労働が存在しない場合）でも、労働災害であると認定された裁判例もあります。

①大阪高裁平成 29 年 9 月 29 日判決

②東京地裁平成 19 年 10 月 15 日判決（日研化学事件）

第Ⅱ部　過労死を防ぐ基礎知識 Q&A

③広島高裁平成 27 年 10 月 22 日判決（国・広島中央労
基署長事件）

Q14

セクハラにはどう対処すればいいですか？

A：法律は、会社に対し、労働者からの相談に応じて
適切に対応するために必要な体制の整備その他の雇用管
理上必要な措置を講じることを義務付けています。会社
が社内外に相談窓口を設けている場合もありますし、他
の相談先としては、労働組合、弁護士、労働局の雇用環境・
均等部（室）などもあります。労働組合に加入し、就労
環境の是正を求めて団体交渉をすることも有用な手段の
ひとつです。

　セクシュアルハラスメントとは、一般的には、相手方
の意に反する性的言動のことです。
　法律は、会社に対し、セクシュアルハラスメントを防
止する措置を講じることを義務付けています（男女雇用
機会均等法 11 条）。
　対象となる「労働者」は、正社員だけでなく、パート
タイム労働者、契約社員等、会社が雇用するすべての労
働者を指します。性別は問われません。男性、女性のい
ずれもが、加害者にも被害者にもなり得ます。同性に対

71

するものも対象になります。

　なお、厚労省の指針には、被害者の性的指向又は性自認にかかわらず、セクシュアルハラスメントに該当し得ることが明記されており、いわゆるLGBTなど性的少数者に対しても適切な対応をとることが求められています。

　法律は、会社に対し、労働者からの相談に応じて適切に対応するために必要な体制の整備その他の雇用管理上必要な措置を講じることを義務付けています（男女雇用機会均等法11条）。会社が社内外に相談窓口を設けている場合もありますが、他の相談先としては、労働組合、弁護士、労働局の雇用環境・均等部（室）などもあります。労働組合に加入し、就労環境の是正を求めて団体交渉をすることも有用な手段のひとつです。

　男女雇用機会均等法11条が定める措置を講じなかった会社には、行政指導、会社名の公表が行われる場合があります。直接の加害者や会社に対して、損害賠償を請求できる場合もあります。セクシュアルハラスメントの被害として、解雇などの不利益な取扱いを受けた場合には、その不利益な取扱いは無効になります。

　また、セクシュアルハラスメントの被害を受けて、うつ病や適応障害などの精神障害を発症した場合には、労働災害として労災保険の給付を受けられる場合があります（「心理的負荷による精神障害の認定基準について」（平23年12月26日基発1226第1号）。

第Ⅱ部　過労死を防ぐ基礎知識 Q&A

Q15

妊娠等を理由にした不利益があった場合は？

A：法律は、会社に対し、女性労働者の妊娠・出産等厚生労働省令で定める事由を理由とする解雇その他不利益取扱いを禁止しています。不利益取扱いをした会社の措置は無効になるとともに、損害賠償の対象になることもあります。

　労働者の妊娠・出産・育児休業・介護休業等を理由として、その労働者が労働条件について不利益を受けたり、就業環境が害されることがあります。

　法律は、会社に対し、女性労働者の妊娠・出産等厚生労働省令で定める事由を理由とする解雇その他不利益取扱いを禁止しています（男女雇用機会均等法9条3項）。これは、女性労働者が対象です。

　また、法律は、会社に対して、次の措置を取るよう義務付けています。

①妊娠・出産に関して

　・妊産婦が保険指導健康診査を受けるために必要な時間の確保（同法12条）

　・通勤緩和、休憩時間の延長、勤務時間の短縮、休業など、妊産婦が医師からの指導を守ることができるような措置（同法13条）

73

・軽易作業への転換

・妊産婦の時間外、休日労働、深夜業の制限

・危険有害業務の就業制限

・産前休業6週間、産後休業8週間など

②育児に関して

・育児休業（育児介護休業法5〜9条の2）

・所定労働時間の短縮措置（時短勤務）等（同法23条）

・子の看護休暇（同法16条の2〜3）

・時間外労働の制限（同法17条）、深夜業の制限（同法19条）

・転勤に対する配慮（同法26条）など

③介護に関して

・介護休業（育児介護休業法11〜15条）

・介護のための短時間勤務制度等の措置（同法23条3項）

・介護休暇（同法16条の5〜6）

・法定時間外労働の制限（同法18条）、深夜業の制限（同法20条）

・転勤に対する配慮（同法26条）

　なお、法律は、会社に対し、育児休業・介護休業等の申出又は取得等を理由とする解雇その他不利益取扱いを禁止しています（育児介護休業法10条、16条、16条の4、16条の7、16条の10、18条の2、20条の2、23条の2）。男性労働者、女性労働者ともに対象です。

　更に、法律は、会社に対し、妊娠・出産・育児休業・介護休業等に関するハラスメントを防止する措置を講じ

ることを義務付けています（男女雇用機会均等法11条の2、
育児介護休業法25条）。

　これらのハラスメントには、①制度等の利用に対する
嫌がらせ型（例えば、産前休業取得について上司に相談し
たところ、上司が「休みを取るなら辞めてもらう」と言う
こと、「育児休業を取得したい」と同僚に言ったら、同僚が
繰り返し又は継続的に「取得しないように」と言うなど）、
②状態に対する嫌がらせ型（例えば、妊娠を報告した女
性労働者に対し、上司が「じゃあ、辞めてもらう」と言う
こと、同僚が「こんな忙しい時期に妊娠するなんて」と繰
り返し又は継続的に嫌味を言うことなど）があります。

　但し、業務分担や安全配慮等の観点から、客観的にみ
て、業務上の必要性に基づく言動であれば、ハラスメン
トには該当しません。

　法律では、会社に対し、労働者からの相談に応じて、
適切に対応するために必要な体制の整備を義務付けてい
ます（男女雇用機会均等法11条の2、育児介護休業法25条）。
そのため、社内外に相談窓口を設けている場合がありま
す。相談先としては、労働組合、弁護士、労働局の雇用
環境・均等部（室）などもあります。労働組合に加入し、
就労環境の是正を求めて団体交渉をすることも有用な手
段のひとつです。

　法律違反をした会社に対しては、行政指導、会社名の
公表が行われる場合があります。会社の違反行為（不利
益な取扱い）は無効となり、直接の加害者や会社に対し

ては損害賠償を請求できる場合があります。

Q16

労働者の健康を守るため会社がすべきことは？

A：会社には、労働者が生命・身体等の安全を確保しつつ労働することができるよう、必要な配慮をすることが義務付けられています。これを受けて、会社には労働者の労働時間の状況を把握する義務や健康診断の実施等様々な施策が義務づけられています。

　会社には、労働者が生命・身体等（心身の健康を含む）の安全を確保しつつ労働することができるよう、必要な配慮をすることが義務付けられています（労働契約法5条）。また、判例では、会社には労働者の業務量の適切な調整等を行う義務があると判断したもの（電通事件・最高裁平成12年3月24日判決）や、労働環境等に十分な注意を払い過重な業務の軽減等を行うべきと判示したもの（東芝〔うつ病・解雇〕事件・最高裁平成26年3月24日判決）もあります。会社はこれらの義務に従い過重労働やハラスメント等を防止軽減しなければなりません。

　また、労働安全衛生法は、会社に対し、①労働時間の状況を把握する義務（労働安全衛生法66条の8の3）、②医師による長時間労働者の面接指導（同法66条の8第1

項〜3項)、③健康診断の実施(同法66条1〜3項)、④ストレスチェック制度(同法66条の10)の実施、⑤安全委員会・衛生委員会の設置などを義務付けています。⑥産業医の権限も強化されています。但し、この法律が義務付けるものは最低限のものであり、これで十分というものではありません。

会社が労働時間の状況を把握する法的義務

　会社は、賃金や残業代の適正な計算の必要上、各労働者の労働時間を把握する必要がありますし(平13.4.6基発339号等)、労働基準法令上も、賃金台帳に各人の労働時間を記載しなければなりません(労働基準法施行規則54条1項5号)。

　2018年7月に成立した働き方改革関連法の中で、労働者の健康や安全に配慮する義務を果たすための必要上、会社が厚生労働省令で定める方法(会社の現認や客観的な方法による把握等)により、労働者(高度プロフェッショナル制度の適用がある労働者を除く)の労働時間の状況を把握しなければならない法的義務が規定されました(労働安全衛生法66条の8の3)。2019年4月に施行されました。

医師による長時間労働者の面接指導

　法律は、会社に対し、週単位の時間外労働が1か月80時間を超え、かつ、疲労の蓄積が認められる労働者

に対し、医師の面接指導を行い、その結果を記録することを義務付けています。なお、労働者に対しても、医師による面接指導を受けることが義務付けられています（労働安全衛生法66条の8第1項〜3項、同法施行規則52条の2）。

そして、会社は、この面接指導の結果に基づき、医師に当該労働者の健康を保持するために必要な措置について意見を聴かなければならず（同法66条の8第4項）、必要と認めるときは、就業場所の変更、作業の転換、労働時間の短縮、深夜業の回数の減少等の措置を講じなければなりません（同条5項）。

健康診断

会社には労働者に対し、健康診断を実施する義務があります（労働安全衛生法66条1〜3項）。

異常が見つかった場合、会社は、医師等の意見を聞かなければならず（同法66条の4）、必要と認めるときは、就業場所の変更、作業の転換、労働時間の短縮、深夜業の回数の減少等の措置を講ずるほか、作業環境の測定、施設・設備の設置・整備その他の措置を講じなければなりません（同法66条の5）。

また、定期健康診断（同法66条）の結果、検査項目（血圧、血中脂質、血糖、BMI）のいずれかに異常の所見が生じた場合には、脳血管・心臓の状態を把握するために必要な検査（二次健康診断）を行う必要があります。

資料6：仕事に関して労働者が強いストレスを感じる内容

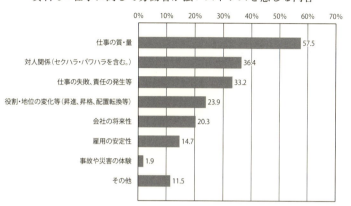

（資料出所）厚生労働省「平成27年度労働安全衛生調査（実態調査）」
（注）常用労働者10人以上を雇用する事業所を対象。3つ以内の複数回答

ストレスチェック制度

　法律は、労働者のメンタルヘルス不調を防ぐため、常時50人以上の労働者を使用する会社に対し、医師等による「心理的な負担等を把握するための検査等」を実施することを義務付けています（労働安全衛生法66条の10）。この検査を「ストレスチェック」と呼んでいます。

　検査の結果、医師が面接指導の必要を認め、労働者が申し出たときは、医師の面接指導が実施されます（同法66条の10第3項）。

　会社は、面接指導の結果に基づき、当該労働者の健康を保持するために必要な措置について、医師の意見を聴かなければならず（同法66条の10第5項）、必要があると認めるときは、当該労働者の実情を考慮して、就業場

所の変更、作業の転換、労働時間の短縮、深夜業の回数
の減少等の措置を講ずるほか、当該医師の意見を衛生委
員会もしくは安全衛生委員会に報告その他の適切な措置
を講じなければなりません（同法66条の10第6項）。

安全委員会・衛生委員会の設置

　一定の業種・規模の事業場には、安全に関する事項を
審議する機関として安全委員会を設置することが義務付
けられています。また、業種を問わず、常時50人以上
の労働者を使用している事業場には衛生委員会の設置が
義務付けられています（両者とも設置すべき場合は、合わ
せて「安全衛生委員会」とされていることもあります。労
働安全衛生法17～19条）。

　衛生委員会や安全衛生委員会では、定期健康診断等の
結果に対する対策の樹立等を審議するほか、医師によ
る長時間労働者の面接指導が行われた場合やストレス
チェックが実施された場合に同委員会に報告がされま
す。

産業医の権限強化

　労働安全衛生法の改正により、産業医の権限が強化さ
れることになりました。具体的には、次のとおりです。
・会社の産業医に対する情報提供義務

　産業医を選任した会社は、産業医に対し、厚生労働省
令で定めるところにより、労働者の労働時間に関する情

報その他の産業医が労働者の健康管理等を適切に行うために必要な情報として厚生労働省令で定めるものを提供しなければならない（同法13条4項）。

・産業医の会社に対する勧告

産業医は、労働者の健康を確保するため必要があると認めるときは、会社に対し、労働者の健康管理等について必要な勧告をすることができる。この場合において、会社は、当該勧告を尊重しなければならない（同法13条5項）。

・会社の衛生委員会・安全衛生委員会への報告義務

会社は、前項の勧告を受けたときは、厚生労働省令で定めるところにより、当該勧告の内容その他の厚生労働省令で定める事項を衛生委員会又は安全衛生委員会に報告しなければならない（同法13条6項）。

第Ⅲ部
過労死を防ぐためにできること

第Ⅲ部では、これまでに述べてきた実情の紹介や「過労死を防ぐ基礎知識 Q&A」を踏まえつつ、「過労死を防ぐためにできること」として、労働者本人、労働組合、会社及び上司、家族のそれぞれの立場から、できることや「すべきこと」の整理と提案をします。

1、労働者本人ができること、すべきこと

「過労死等」が問題になり得る状況（体や精神を壊しかけていたり、それに至っていなくても働き過ぎているといった状況）の中で、まさに渦中にいるとしても、労働者ご本人には、本人であるがゆえにできることが数多くあります。また、周囲が「本人にできること」を知り、助言などを行うことも有益であろうと思います。

（1）不安でも、まだ大丈夫と思っている間にできることは何か

◆きっかけ

働き過ぎではないかと不安を感じていても、「皆やっていること」「（自分にとって）たいした負荷ではない」「自分だけ脱落するわけにいかない」「忙しいのは自分の能力のせい」……など、過重な労働をおかしなことだと思

第Ⅲ部　過労死を防ぐためにできること

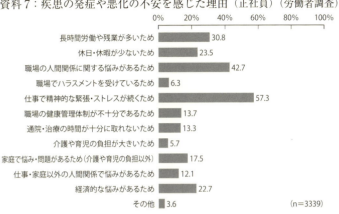

資料7：疾患の発症や悪化の不安を感じた理由（正社員）（労働者調査）

（資料出所）厚生労働省「「平成27年度過労死等に関する実態把握のための社会面の調査研究事業」（委託事業）

わなかったり、正当化しようとする考えは、心に浮かびがちだと思われます。

　しかし、それは他人のせいにしたくない、あるいは会社とトラブルをおこしたくないといった思いが原因かもしれません。

　「不安はあるけれども」「職場の様子を変えることはできない」「声を上げることも難しい」、などと感じる場合もあると思います。

　しかし会社は、雇用する労働者の「疲労や心理的負荷等が過度に蓄積して心身の健康を損なうことがないよう」に注意する義務を負っており（前掲最高裁平成12年3月24日判決、29ページ）、労働者ごとに適正な業務量となるよう業務の割り振りや量などをコントロールしな

ければなりません。当事者である労働者が声を上げたり行動することは十分に可能です（93ページ以降もご覧ください）。

万が一にでも、夢や希望や人生を絶たれるような、不幸な結果が発生してしまえば、本人や遺族は会社の責任を追及することはできるかもしれませんが、時間を元に戻せるわけではありません。家族が一生の悲しみに包まれたり、後遺症が残って本人も家族も大変なその後の人生を送ることにならないようにしなければなりません。

また、過重な労働で、追い詰められていたり余力を失っている場合、そうでなければ十分に対処ができるような小さなトラブルやミスが重大な結果の引き金になってしまうこともあります。追い詰められて正常な判断ができなくなってしまってからでは、対処をしようとしてももう困難かもしれません。

少しでも不安を感じたら、次のようなことを実践してみてはいかがでしょうか。

表立って行動をすぐに起こさなければならないわけではありません。

◆知識を仕入れる

「知る」ことで、道筋が見えることは多々あります。今の働き方の何が良くて何がいけないのか、要注意なのはどういう点か、どんな対処や改善の方法があるのかなど、本書の前のページや以下のページに手がかりがある

はずです。インターネット等の活用も考えられます。但し、正確な情報でない可能性、事案が違えばあてはまる情報も変わる可能性に要注意です（「この事案」にあてはまる情報の選別を適切にできる、専門家への面談か電話での相談をお勧めします）。

◆労働時間を把握してみる

過重労働の最も大きな要素が、労働時間です。長時間労働は、心身の体力を奪い、休息による回復の機会を妨げ、疲労を蓄積させます。追い詰められ余力を失えば、予期しない出来事に対処する力も弱まります。

労働時間の数字的な把握によって、「過重」の度合いを可視化することができます。

会社は、労働者の労働時間を把握、管理していなければなりません。タイムカードや給与明細に労働時間や残業時間の記載はないでしょうか。賃金台帳という、労働者ごとに労働時間などを記載する書類の作成も会社には義務付けられています（労働基準法施行規則54条）。「管理監督者」「残業代込み」「裁量労働」などとされていても、労働時間の管理はしなければなりません。

但し、会社は「表向き」の時間しか管理していない場合があります。

実態を表す数字がなかったり、すぐに手に入らない場合、またそうでない場合でも、自身でも「付けてみる」のが良いと思います。ひとまず、1週間毎日付けてみま

しょう。これで誰かに迷惑がかかることはありません。①始業と終業は何時から何時か、②休憩の時間数は（休憩とは、「労働から解放」されているまとまった時間だけです。何かが起きたら対応できるように待機や緊張していなければならない時間は入りません）、③1週間分を足して、40時間（週あたりの標準の「法定労働時間」）を引いてみる、④週18.5時間くらい（月80時間くらい）を超えるか。超えることが平均的なのだったら、その働き方はそれだけでもう「過労死ライン」と呼ばれる水準です。

◆労働時間以外の要素

「長時間労働」以外にも、労働者の心身の健康を害する要因となりうる要素はたくさんあります。以下に要因となりやすいものを挙げます。労働時間だけではない、危険要因ということができます（おおむね、心の面、両方、身体の面、の順に掲載しています。重要度順というわけではありません）。

- ・パワハラ、いじめ、暴力、セクハラ、誹謗中傷、人間関係の悪さなど
- ・受ける評価の低さ、降格、退職を勧められるなど
- ・トラブル、ミス、事故があった
- ・責任を追及されている、される
- ・人の仕事の責任を取らされること
- ・達成の難しい絶対的ノルマ、無理な仕事
- ・（反対に）能力を無視した簡単な作業

第Ⅲ部　過労死を防ぐためにできること

・慣れない仕事、新しい仕事
・仕事自体の責任や影響が大きいこと、支援がないこと、進め方の裁量がないこと
・業務自体の精神的緊張度、労働密度（息つく暇もないのか）、それらのコントロール可能性
・作業環境（温度差、騒音等）
・不規則な勤務体系、特に昼夜の移行
・移動距離、時差
・連続勤務時間
・連続勤務日

　以上のほか、健康診断を受けていないことや、健康診断やストレスチェックの結果に好ましくない項目があることも、危険要因として認識する必要があるでしょう。

◆こんな症状は見られていませんか
　いずれも、過労死につながる疾患や症状として挙げられています。既に危険な状態にある可能性があります。それらが複数あったり、続くような場合には、具体的な対処（→（2）93ページ以降）へ速やかに動かれることを勧めます。

・慢性の疲労　疲れが抜けない
・出勤への恐怖
・動悸、息切れ、胸痛、圧迫感など
・一過性のしびれ、まひ、失語、視野障害など〜脳血管疾患発症の緊急的な予兆とされるもの

89

・精神疾患の要素とされる次のような状態が複数あり続いている

「うつ病エピソード」

・落ち込む、ふさぎこむ

・無関心、無感動／関心や喜びの気持ちが持てなくなる

・疲れやすい（ちょっとしたことで疲れる）

・食べられない、戻してしまう

・起きられない、熟睡できない

・身体症状（胃・十二指腸潰瘍、糖尿病、癌など）

・集中できない

・上の空、焦り

・自尊心の喪失、罪悪感

・死にたいと思う

・周りからみてもおかしい、違和感

・以上のような状態が続く場合

　なお、完璧主義やこだわりの強さなど（それは性格であって尊重されるべきであり、何も悪いことではありません）のために人よりも負荷がかかっているとみられる場合は、早めの注意が必要と思われます。

◆考え方の整理

　上でも書きましたが、次のような考えに囚われていないでしょうか。

　今の働き方は、皆やっていること（のように見える）。

第Ⅲ部　過労死を防ぐためにできること

世の中では普通の、よくあること（だと思う）。自分だけが弱音を吐くわけにいかない。自分がいなければ職場は回らない。同僚に迷惑がかかる。医師に診てもらおうかとも思うが仕事は休めない。体力には自信がある。やりがいを感じている。自分にはこの働き方が合っている……など。

　しかし、どれも、これまでにあった過労死に至る事案の各過程でも存在していた心理であろうと思われます（事後的な検証は困難ですが）。客観的な状況を顧みずに、こういった考えに固執したり、特に周囲からの心配や助言を遮断してしまうことは、自らの行動により状況を悪化させる危険があると言わざるを得ません。

　逆にこんなふうに、考えられるのではないでしょうか。

　個人の働き過ぎに依存しない職場環境を整えるほうが、個人のパフォーマンスも上がるし、会社のためにもなる。実際問題として、人が少しくらい欠けても組織は回っていく。部下がいなければ上司がなんとかする、上司がいなければ……人が育つ。悪いのは仕事量のマネジメントのできない上司かもしれない。長時間労働や強制でしか成果を上げられないのだとしたら、部活の体罰と同じで、今はもう許されない。少し休んだり、回り道をすることになったとしても、長い目で見れば良い。ここまで来られている人なのだから、また別の道から回ってきたり、別の道を進んでいくこともできる。経験は無駄にならない……など。

91

ちなみに、「休んで会社に損害を与えたら賠償」など
と言われても、心配しなくて大丈夫です（賠償する必要
はありません）。

◆働き過ぎ（長時間労働）は自分のせいだと思う場合

　そう思う必要は全くありません。もしそうだとしても
長時間労働を正当化する理由にはなりませんし、体を壊
すような労働にならないように会社が止めなければなり
ません。

　同じ成果を上げるのに、同僚はもっと短い時間で手際
よくやっている、それができない自分に時間がかかるの
は仕方がないことではないか。そう思うことがあるかも
しれません。

　しかし、同僚が本当にそのようにやっているのかはわ
かりません。仕事の対象が同じではない（そもそも比較
できない）のかもしれないし、単に方法を知っているだ
けかもしれません。運が良いとか、つてがあるといった
ことだけかもしれません。また、もし能力がゆえの違い
があったとしても、人の能力は様々で、適性も様々です。
持って生まれなかった能力を嘆いても仕方がありません
（皆多かれ少なかれ経験があるのではないでしょうか）。個
性の多様さを踏まえて生かせるのが、組織や社会の良い
ところです。上司が思う方法に誰もが合うわけでもあり
ません。

　当然ですが、人と同じ成果を出したり量をこなすまで

第Ⅲ部　過労死を防ぐためにできること

いくらでも働かせ続けるようなことはできません（指示や命令権限の濫用です）。

◆持病がある場合

　持病がある場合、会社に伝え、働き方の配慮を求めることができます。もともと誰にも病気になる可能性はあり、誰でも年を取れば衰えます。会社は労働者の配置や仕事の割り振りを行う際には、そのような個々の状態に配慮する義務があるでしょうし、また真摯に話せばわかってくれる会社は少なくないでしょう。それをしてもくれない会社は、労働者を使い捨てているということです。

(2)　今の状態はまずいと考えたときにできることは何か

　さて、では今の状態はまずい、何かを変えなければと考えたときに、何ができ、どうしたら良いでしょうか。
　「できること」を以下に整理します。具体的な状況に合わせて、組み合わせて実践することができると思います。

◆休む

　有給休暇の消化は、労働者の権利であり、一部は義

務とも言えるような制度になりつつあります（第Ⅱ部61ページ参照）。「なぜ休むか」を会社に説明する必要も本来ありません。一息入れることのできる、即効性のある手段と言えるでしょう（但し、就業規則に定められている所定の手続は、可能であれば踏んでおくのが無難でしょう）。

　また、有給でなくても、体調が悪いという理由で会社を休むことを躊躇する必要はありません。

◆通院する

　体調が悪化している場合には、さらなる悪化を食い止めたり、回復させるために、他の手段と並行して、病院に行くのもとるべき手段であると思います。

　それはまた、自身の体調の状態を知ることができ、その後の対応を考えるにあたり役立つでしょうし、客観的な記録にもなります。通院したという事実自体が後日証拠として役立つこともあります。特に、うつ病などの精神疾患については、本人の感じ方が正しいとは限らない面が強く、会社に告げるかどうかはともかくとして、医師の見解には早めに触れておくべきでしょう。

◆記録する。証拠を手元に確保する

　会社や上司にかけあって状況を改善してもらうことができるならば一番良いと思いますが、そう簡単ではない場合が多いと思います。その場合に、労働者が独力でできることには限りがあります。周囲との連携や援助を得

第Ⅲ部　過労死を防ぐためにできること

て力を得ることが肝要です。

　そのためには、第三者に状況を伝える資料を用意することが有効です。改善を会社に要望するなどの際の有効な基礎資料ともなり得ます。

　会社にタイムカードなど、労働時間の記録があるのであれば、内容の控えを手元に確保できると良いと思います。直近6か月くらいがあると良いと思います（余力があれば、「直近2年」という考え方があります）。なおそれは、労働者個人が身を守るために確保するものですので、不必要に拡散するようなことは避けるほうが無難です。

　また、それとともに、日々の労働時間（特に持ち帰り残業など）、その労働の内容、その日の体調の様子、その日にあった業務上の負荷やストレスの要因（出来事の場合は後日思い出して語れる程度に具体的に。時間や場面も記載。発言は評価を加えずに（「暴言」などではなく）、ありのままを（セリフ的に）記載すると良いでしょう）などを、可能な範囲で、日々手帳などに書きためていく（記録する）ことも非常に有効です。大事なことは、その都度（記憶が鮮明なうちに）記載し、そのまま資料として維持しておくこと（後で見やすく整理したので元を廃棄するなどは厳禁。証拠価値が減少します）と、なくしたり消してしまわないことです。

　終業時に家族や自分にメールなどをするということも、送信時刻の記録が残り、非常に有効です。ありのままを（ルーティンにして）記録することが、矛盾する事

95

柄の発生を抑え、信用性を獲得するために重要です（特に携帯電話の水没、損壊に注意）。

◆相談する

　周囲との連携や援助を得て力を得たり、支えを得るために有効な行動が、相談です。

　社内への相談を行ったり、会社の実情を伝えたりできるのは、労働者本人であればこそという面がとても大きく、また一度相談を行えば継続的なフォローなども期待できると思います。ですから、余力のあるうちの早めの相談がより望ましいと言えるだろうと思います。

　但し、相談内容を秘密としてしっかり守ってもらえる（会社内外に漏らさない）かは、相談先の選択にあたり気にかけたり、相談の際には直接確認や念押しをしておくのが良いと思います。

　相談先は、社内であれば、同僚、先輩、上司、上司より上の役職者、会社の相談窓口、安全衛生委員会の労働者側委員（一定規模以上の事業所では設置が義務付けられています）などが考えられます。また、社内労働組合があれば、最も力になれる法的立場にあります（なければ、「作る」こともできます）。例えば、増員を要望するといったことも可能です。

　社内が難しそうであれば、あるいはそれと並行して、社外にも目を向けてみることは有益です。例えば、友人知人（持つべきものは友。また、知人のつてが役に立つと

第Ⅲ部　過労死を防ぐためにできること

いう場合もあると思います）、家族（最初から最後まで、頼りになる存在です）、社外労働組合（知識、気安さ、秘密保持を兼備します）、労働者側の労働案件を取り扱う弁護士（見立て、できることや有効なことのアドバイス、応援者への方法の助言、継続相談、代理交渉、法的手続など、気軽に相談できるところもあります）、労働相談（電話やメールで可能なもの、定期のものもあります）といった選択肢があります。労働基準監督署（労基署。職場全体がひどいときには特に効果的な場合があります。匿名での相談も可）や厚生労働省への情報提供という手段もあります。また、医療機関への通院も、有効なきっかけとなるかもしれません。

このような選択肢から、実際に思い浮かぶ身近なところや、人の紹介で、あるいは検索による飛び込みなど、取りうると感じる手段を、まずはしてみるというのが良いと思います。プライバシーが確保されている先であれば、相談をしてマイナスになることはありません。

◆会社と交渉する

働き方の改善の交渉をするには、労働組合による「団体交渉」（会社によっては、労使協議会など別の名前のものが機能している場合もあります）が極めて有効です。この手段を使わない手はないと思います。労働組合は作ることもできます。法律（労働組合法）で会社は労働組合の要求に対して「誠実に交渉する」ことが義務付けられて

97

おり、会社がこの義務に違反すれば「労働委員会」に救済命令の申立を労働組合として行うこともできます。

なお、社員有志のような枠組みでの交渉ということも考えられますが、労働組合を作る（結成する）ほうが有効ですし、作ることは難しくありません。

◆退避する

改善する前に自身が参ってしまわないために、退避することも、有効な手段として認識しておくのが良いと思います。

具体的な手段としては、上記の有給休暇の取得がまず考えられるほか、次の手段もあります。

・休業・休職する

就業規則に定めのあることが多いです。就業規則は労働者が確認したいときに自由に確認（閲覧）できるようになっていなければなりません（労働基準法106条、同施行規則52条の2）。もし定めがないとしても、休業や休職できる方法はあります。

・傷病手当、労働災害（労災）の申請

これらは趣旨の異なる別の制度で、要件（利用できる条件）、審査にかかる期間、調査の内容など異なります。制度を理解している人の協力を得て行うのが無難でしょう。休業・休職中の経済的な支えにもなります。

・退職・転職する

目の前の視野で見ると抵抗がある場合もあるかもしれ

ませんが、会社に残るよりも優れた選択肢である場合も少なくないと思います。積極的に環境を変えることで事態が好転する可能性があり、良い職場に出会えることもあるでしょう。事案と場合によっては、退職後でも、未払残業代や慰謝料なども請求できます。残業代は執筆時現在の法律では、2年間分以前は時効となります。

2、労働組合ができること、していること

（1）労働組合には何ができるか

労働組合が職場にあるということは、労働者の代表という立場で、雇う側と対等に話し合う関係が法律で確立されているということです。労働者の意見を、職場に反映させることが可能だということです。

会社と個別の労働者という関係では、会社の方が立場的に強いというのが一般的です。そのため、ひとりの労働者が、雇用条件などについて会社に直談判するには、相当な勇気と覚悟が必要です。しかし、労働組合であれば、対等な「労使関係」に基づき、「賃金をもっと上げたい」「長時間労働をなくして、ワーク・ライフ・バランスを実現したい」など、労働条件・職場環境をより良くしたいと願う人を支え、仕事にやりがいを、生活に充実感をもたらすことができます。労働組合は、職場において以下のような活動ができます。

◆事業所ごとの36条協定の締結・内容の点検

法律上、残業は本来してはならないものです。しかし現実は納期や顧客の事情で残業が必要になります。これを適法なものにするとともに、制限するものが、36協

第Ⅲ部　過労死を防ぐためにできること

定です。36 協定は全労働者の過半数を組織する労働組合があれば、その代表者が協定者になります。36 協定を締結していなかったり、有効期限が切れていたり、労働者代表が会社の指名で選出されていたりする状態での残業は 1 分でも違法です。36 協定で定めた上限を超える残業も違法です。決して自由に残業させることのできるルールではありません。

　1 日、1 週間、ひと月の労働時間、休日の確保、また、インターバル規制があるかなどのチェックと併せて、きちんと事業所ごとで労基署に毎年届け出がされているかをチェックします。

　加えて、特別条項付き（特別な繁忙期は残業を長時間認める）の 36 協定の内容についてはその運用の結果、膨大な長時間労働を認めることになっていないかを点検する必要があります。これを見過ごすと、会社が労働者に過重な長時間労働を強いるだけではなく、労働組合もそれを認めていたということにもなりかねません。

　2013 年度労働時間等総合調査では、36 協定を締結していない会社が 44.8% もあり、その理由の 35.2% が「36 協定の存在を知らなかった」となっています。36 協定は労働者を守るためのルールです。労働組合は、協定の当事者として、労働者の健康保持のために協定の締結権限を用い、会社にその順守と履行を求めていくことができます。

◆**安全衛生委員会や衛生委員会での協議・情報収集**

　労働災害（職場でのケガをはじめ、業務や職場の人間関係に起因する精神疾患も含む）の防止は、労使一体となった取り組みが必要です。安全衛生委員会・衛生委員会は常時使用する労働者の数が50人以上（安全委員会は、業種によっては100人以上）の事業場に設置が義務付けられており、委員会は労使双方からの参加者で構成することとなっています。

　労働組合は安全衛生委員会・衛生委員会に積極的に参加者を出して発言し、作業や職場環境などに関して危険や健康障害を防止するために調査や話し合いを行い、労働者の代表として現場の声を挙げることができます。

　前述の36協定違反のチェックと是正対策を実効的に行う場であるとともに、健康保持のための施策や改善を会社側にもとめることは重要な活動です。

◆**労働者の労働時間把握・アンケート**

　①サービス残業対策

　生産ライン等ではその日の生産数から稼働時間が割り出され、労働時間のチェックは比較的容易ですが、適正な人員配置であるかどうかのチェックは必要です。36協定違反が表に出てこない場合もあり、サービス残業の予防は職場と近い存在である労働組合こそができるといえるでしょう。

　一方で、営業職や研究開発部門では、上司からのノル

マ達成のために時間管理がおろそかになり、長時間労働や過重労働につながりやすくなっています。職場での対話集会や労働者へのアンケート等で、声を出したくても出せない労働者の声を聞き、これらの実態を把握し、その結果を安全衛生委員会等への議題として挙げることができます。

　②時間短縮活動

　全社的・部署別に残業時間の把握をすることが労働組合には可能です。会社側にも理解を求めながら、「ノー残業デー」等の実施は、個人の裁量に任せるのではなく、職場全体の取り組みとして労働組合が旗を振ることができる一つの手段です。機関紙やニュースで全社的な時間短縮活動を継続的に行うことも有効でしょう。

◆過重労働の疑いのある労働組合員との面談、相談

　長時間労働からの肉体的な疲労に加え、過度なノルマを与えられたための精神的苦痛や達成できなかった場合のペナルティや叱責は労働者に精神疾患を発症させる大きな要因です。

　同じ業務をしても、経験ある社員と新入社員を比べれば、その負担度は大きく変わったりしますが、いずれにしろ長時間労働になっていないか、仕事を持ち帰っていないか、休日に出てきていないか、休憩をきちんととっているか、朝早く出社していないか、もっと加えるならば、会話が減っていないか、人と接するのを避けていな

いか等、察知するためには、できるだけ小さな単位の労働組合の活動が求められます。安全衛生委員会等の活動と連携して労働者とのコミュニケーションを深める活動を会社に支援させることも可能です。

そして何より、個別労働者の相談窓口を広げ、その解決に当たり、安全衛生委員会や労使協議、団体交渉などを活用します。

なお、ストレスチェック制度の義務化には、過度のストレスによる、うつ病などのメンタルヘルス不調が社会問題化しているという背景があります。会社（50人以上）には実施が義務化されています。この実施の時期にあわせて、労働組合として相談活動する方法もあります。

◆労使協議会・団体交渉での是正要求

法律や職場のルールができたり、見直されたりしても、それが守られなければ意味がありません。労働組合の目的は、労働者の命と健康を守り、生活を守り、そのために安心して働き続けられる雇用を確保することにあります。

法律や職場のルールを会社に守らせる権限を労働組合は持っています。会社は労働組合の交渉申し入れには誠実に応じる義務があります（労働組合法第7条）。したがって、就業規則の改善や新しい規則、それらの順守や履行、労働時間の適正な管理やサービス残業の撤廃などを使用者と対等の立場で要求し、協議することができます。過

第Ⅲ部　過労死を防ぐためにできること

半数を占める労働組合が36協定の調印を拒否すれば、会社は残業させることができなくなるのです。

　長時間労働が常態化している職場の風土を変えることも可能です。会社との健全な労使関係と労働者との信頼関係を構築すれば、労働者の命と健康を守る活動において職場で重要な役割を果たすことができます。

　労働組合は万能ではありませんが、少なくとも会社と対等の立場で交渉できます。「過労」という文字が頭に浮かんだ時、労働組合に支援を求めることは有効な手段であると労働者に認識してもらうことが重要と言えます。

◆産業医との連携など

　長時間労働の是正、過労死防止、過労自死撲滅は喫緊の課題ですが、残念ながら精神疾患になってしまった場合の対応も当然必要です。当該労働者の治癒、職場復帰には、労働組合として積極的に関与します。

　精神疾患となった要因を取り除くために産業医と連携を取りながら職場の異動や転勤を求めることが一つの方法です。また、長時間労働、過重労働に加え、人間関係に起因する精神疾患の場合も多くありますので、労働組合は、本人の異動や転勤を求めるだけでなく、上司の指導方法や職場の状況などの改善も合わせて本人・産業医と話し合い解決策を探るべきです。

　疾患を治癒する環境を確保するために、会社と本人の

間にはいって休職の手続きや休業補償の説明などを行って家族も含めて安心感をあたえ、治癒を進めることも、重要な手段です。

　また、復職のためには産業医との連携は欠かせません。回復の度合いや復帰プログラムについて指導やアドバイスをし、会社と交渉します。労働組合と会社、産業医また家族が連携して復職への道を探ります。

(2) 労働組合の実際の取り組み例

　実際に長時間労働や過労死の問題に取り組む労働組合の活動内容を紹介します。

　まず、労働時間が把握のできるところは、きちんと把握しなければならないし、対策がとれるところはとらなければいけないという認識のもとに、職場単位での労働組合会議において、36協定違反がないか、あるいは、違反があれば具体的に誰が、何故というところまで追及をしていくという方針のもと、労使で議論をしています。

　全体的には安全衛生委員会でチェックしています。労働組合員だけでなく、会社側の意識も変わってきて、徐々にひどい長時間労働というのはなくなってきています。

　みなし残業制度や裁量労働制がとられている部署は、さらに一層の意識的な取り組みが必要です。

第Ⅲ部　過労死を防ぐためにできること

　今、取り組んでいる内容は下記の点について労使協定を結ぶということです。

　①深夜労働や休日労働は必ず、チェックする。

　②１日の仕事に入った時間と終わった時間をチェックする。

　③トータルの拘束時間（入りと出）をランク別にわけて、健康を管理するための時間としてとらえ、それに応じて産業医の面談などの対策をとる。

　このようなわずらわしい手続きをしなくても、実労働時間を綿密に管理すれば簡単なのですが、現場の労働者の声としては、そこまでいちいち管理されると業務に支障をきたす、というところもあって、悩むところです。ただ、自己管理にまかせておくと、過重労働というケースをさけられないのは明らかです。

　今まで、労働組合としては自主的に労働時間の記録をつけていこうとしたり、労使の合同会議で取り組んだりはしていましたが、自主性だけでは充分ではない面があると思っています。

　交渉の姿勢としては、原則的に健康管理は会社側の責務であるということを主張して、労組がチェックしていくということです。

　このような取り組みと仕組みによって、徐々に結果がでてきているという状況です。確実に深夜や休日の労働時間は減ってきています。現場の労働組合員からは「体が楽になった」などという感想をもらっています。勿論戸

107

惑いもありますが、「もっと休まないとね」という意識は広まってきていると思います。

　労働組合の役員会では、長時間労働の議題は絶えずあがっていて、役員には浸透していくのですが、すべての労働組合員までしっかり意識を高めてもらうというのは、日頃の努力を重ねる以外にないということです。

　労働組合では産業医の講演会やインタビュー記事を機関紙に掲載するとか、法改正の情報などを知らせていくという活動をしています。

　それと日常的には多忙な時期を迎えたら、特別休暇を設定するとかの工夫や労働組合の相談窓口をさらに職場に広げていくということです。

　業界全体として取り組まなければ、なかなか根本的には改善しないという問題も感じつつ、とにかく長時間労働という課題と悩みながら格闘しているというのが実感です。ことがおこれば、労働組合は何をしていたのか？という話にもなります。36協定の内容を労働組合員に浸透させるために判例などを労働組合機関紙に紹介して、職場に長時間労働と取り組む労働組合があるということをしっかり知ってもらう、過去にこれだけのことをした、というより、今後こういうことをしていくという姿勢を持ち続けることが重要かと思います。

　労働組合は会社と交渉する権利を持っているのですから、それを有効につかっていく。会社から単に「残業をやめろ」いう指示が出た場合は逆に地下にもぐってしま

第Ⅲ部　過労死を防ぐためにできること

う危険性も高いので、チェック機能を充実することも大切だと思っています。

　短期的には長時間労働の労働者の健康管理をしっかりしていく、長期的には仕事の仕方自体を変えていくような問題意識を持って取り組んでいかなければならないと思っています。

簡単につくれる労働組合

　労働組合（ユニオン）は法律上の保護をうける団体としては極めて、簡単につくれる組織です。集まった者たちで、名前や決まりを決めれば、法律上は２人以上で作れます。そして、会社はこの労働組合から申入れを受けると、必ず、話し合い（団体交渉）に応じないといけません。また、集団で行動する権利も保障されていて、正当な労働組合活動であれば、損害賠償は認められません。

　とても簡単につくれる組織ですが、いざ、つくるとなると、「どんなふうに仲間に声をかければいいか？具体的にどういう要求を出すのがいいか？」などわからないことも多く出てきます。そんなときは都道府県の連合の事務所までお問い合わせください。

　　0120-154-052（全国共通ダイヤル）

3、会社がすべきこと、上司ができること

労働者が過労死した場合には、道義的責任・社会的責任はもちろん、法的責任も会社が負わなければなりません。

法的責任について、会社は法廷において過労死でないと主張することはできます。しかし、原因が業務における過重な負荷であることが認定されれば、その法的責任は会社が負わなければならないのです。近年の判決は会社の管理責任を厳しく問う傾向です。労働者が自発的に、言い替えれば勝手に仕事をしていただけという論理や、上司が勝手に働かせただけで会社はあずかり知らぬことといった論理は通用しなくなっています。

逆に言えば組織としての会社に過労死を防ぐ「義務」が課せられていると言ってもよいのです。会社だけでなく、場合によっては直接の上司や役員の個人的責任が問われることもあります。裁判で過失相殺が認められ、責任が減ぜられることもあり得ますが、どちらにしても、会社は多額の賠償義務などの法的責任を負い、社会的信用は傷つき、貴重な人的資源を失う事にもなります。経営的観点からも、社会的観点からも会社は過労死を防ぐ取り組みをすべきなのです。

そこで本稿では、過労死等を防ぐために組織としてす

第Ⅲ部　過労死を防ぐためにできること

べきこと、また上司・同僚としてできることをまとめました。過労死等を防ぐために組織的に対策を講ずるのは当然ですが、組織がすぐに対応しない場合でも、過労死等対策は待ったなしです。組織に対策を求めるのと同時に、取り返しのつかないことになる前に、上司・同僚としてできることをすることも重要です。

(1) 組織としての会社がすべきこと

　会社が過労死等を防止するためになすべきことはほとんど言い尽くされています。政府は過労死等のもっとも大きな原因を長時間労働・過重労働とパワハラを含む業務上のストレスであるとして対策を会社に求めています。国全体としても 2020 年までに週労働時間 60 時間以上の雇用者の割合を 5％以下に、有給休暇取得率を 70％以上にすることを目指しています。

　またいわゆる「働き方改革関連法」成立により、会社が労働時間を把握する義務があることが明確になりました。残業時間に上限が設けられるなど、労働時間管理と長時間労働抑制は社会の趨勢です。

　ただその一方で、高度プロフェッショナル制度を導入することも可能となりました。過労死等を防ぐという観点からは非常に問題のある制度です。この制度を導入する場合には、そうでない場合以上にこれから述べる対策をとらなければならないとも言えます。

111

◆長時間労働・過重労働について
・労働時間の適正把握

政府は2017年1月に「労働時間の適正な把握のために会社が講ずべき措置に関するガイドライン」（新ガイドライン）を発表しました。これによると「使用者は、労働時間を適正に把握するなど労働時間を適切に管理する責務」があるとはっきりと示されています。その上で、労働時間は会社の指揮命令下におかれている時間のことであり、例え休憩時間ということになっていても（明示であるか黙示であるかを問わず）、業務に従事する時間は労働時間に当たると書いてあります。また、研修や訓練も客観的に見て会社の指示、事実上の義務付けがあったと考えられる場合は労働時間となります。会社はこのような時間まで含めて適正に把握することが求められているのです。新ガイドラインで具体的に労働時間に含まれるものとして挙げられている事例は次の3つです。

ア．準備行為（制服への着替えなど）及び後片付け（事業所の清掃など）

イ．労働から離れることが保障されていない状態での待機時間・手待時間（休憩とは認められません）

ウ．事実上参加が義務である研修や訓練、会社から指示のあった学習行為（資格取得のための自宅学習など）

第Ⅲ部　過労死を防ぐためにできること

・労働時間の適正把握のために講ずべき措置

　タイムカード等で客観的に記録が把握できる場合は簡単ですが（もちろん虚偽の打刻や意図的な修正等は論外です）、やむを得ず自己申告となる場合も

　　①適正な自己申告のために十分な説明を行うこと

　　②労働時間を管理する者（上司等）に対して、労働時間管理の適正な運用について十分な説明・研修を行うこと

　　③自己申告が適正かどうか実態調査をすること

　　④休憩や研修・学習などとして労働時間として自己申告されていない時間であっても労働時間に当たると判断される時間は労働時間として扱うこと

が必要です。いわば、自己申告で労働時間が過小に申告されないように対策を講じる責任が会社にあるのです。

　さらに具体的に、自己申告できる時間外労働に上限を設けて、上限を超えた申告を認めないことや、定額残業代等の名称で適正な労働時間の把握を阻害するようなことがあってはいけません。

　これらの対策は就業規則に明示することが望ましいでしょう。

　またガイドラインでは労働者や労働組合からの指摘があった場合には実態調査をするように求めています。そして「必要に応じ労働時間等設定改善委員会等の労使協議組織を活用し」、労働時間管理の現状の問題点や解消

113

策等について検討することを求めています。

・長時間労働・過重労働の是正

　労働時間を適正に把握することは当然のこととして、長時間労働・過重労働をなくすために何をすべきかが問題です。ひとつには労働時間管理を担う人事労務部門の独立性を高める必要があります。営業や製造などの言いなりではなく、主体的に過労死等の対策をとる責任があることを認識しなければなりません。人事部門は安全衛生委員会（80ページ参照）等と連携して、過労死等に関する理解を深め、危険性を周知し、他部署に対して、長時間労働・過重労働の是正を要請できるような組織としなければなりません。産業医を活用して、この要請を客観的中立的に裏付けることも有効でしょう。

　近年、産業医の役割が拡充され続けています。2019年4月から、会社は長時間労働者の状況や労働者の業務の状況など産業医が労働者の健康管理等を適切に行うために必要な情報を提供しなければならない事になりました。また、産業医からの勧告は衛生委員会に報告することが義務づけられ、衛生委員会での実効性のある健康確保対策の検討に役立てることになりました（80ページ参照）。もちろん勧告に至らない指導・助言であっても尊重すべきであることは言うまでもありません。産業医の活用は会社の義務になってきているのです。

　全社的対応としては、長時間労働が起こりえない制度

第Ⅲ部　過労死を防ぐためにできること

を導入することも一案です。一定時刻で残業を禁止することや、勤務間インターバル制度を導入するなど様々なやり方があります。

　勤務間インターバル制度は終業時間と翌日の始業時間の間隔を一定時間以上とするという制度で、「働き方改革」では努力義務とされました。例えば本田技研工業株式会社では40年以上前から「深夜業務における翌日出社時間調整」として労使協定を結び実施しています。新しく導入する際には助成金もあります。2018年7月24日に見直された「過労死等の防止のための対策に関する大綱」では新たに勤務間インターバル制度について数値目標をあげて推進していくこととしています。

◆メンタルヘルス・パワハラについて

　過労死等は長時間労働・過重労働だけでなく、仕事上のストレスによるメンタルヘルス不調が結び付いて重要な原因となることもあります。

　メンタルヘルス対策は必須であり、すでに半数を超える会社が何らかの形でメンタルヘルス対策をとっています。しかしながらその範囲は広汎に渡り、本稿で網羅するのはやや困難です。ただ過労自死に限れば、その原因として「上司とのトラブル」や「いじめ」などパワハラの類が最も大きな要因と考えられています。またメンタルヘルスに悪影響を与えている要因として、労働時間の長短よりもハラスメントの有無の方がずっと大きいとい

115

う分析結果もあります。ですから、過労死等の防止のためには、メンタルヘルス対策の中でも、特にパワハラ対策に取り組む必要があります。

・パワハラ対策マニュアル

　国が2016年年末に策定した「過労死等ゼロ」緊急対策では、過労死等のもうひとつの大きな要因とされているメンタルヘルス・パワハラへの対策として、精神障害の労災が複数認定された場合は会社本社に対して国が個別指導を行うことや、管理職や労働者向けの研修などがあげられています。とくにパワハラについては厚労省から出されている『パワーハラスメント対策導入マニュアル　予防から事後対応までサポートガイド（第3版）』（以下『マニュアル』）を活用することが求められています。100ページを越える詳細なものですが、後述のパワハラ対策総合情報サイト「あかるい職場応援団」からダウンロードすることができます。

　『マニュアル』では予防のために5つ、事後対応のために2つの対策が柱になっています。

・パワハラ予防のための5つの対策

　①トップのメッセージ：予防のために最も重要なのはトップのメッセージです。トップがパワハラをなくすことを明言する。これがないと後に述べるパワハラの負の連鎖がおこりかねません。「あかるい職場応援団」には

第Ⅲ部　過労死を防ぐためにできること

トップのメッセージのひな形まで用意されています。

　②労使共同：労使協定などで労使合意の上でパワハラに関するルールを決めて取り組むと効果的です。パワハラの加害者が労働組合の役員であるなどという事例もあります。会社が一方的に就業規則などでルールを決めるよりも、労働組合を巻き込んで、一体として取り組む方が良いでしょう。

　③実態調査：正確に実態を把握しようとするならば匿名で実施する方がよいでしょう。過労死等の防止という観点からは、事実の究明よりも、メンタル上のストレスとなっているかどうかを重視すべきです。

　④研修の実施：ハラスメントは加害者側に自覚がなく、周囲も認知していない場合が少なくありません。そのために発見が遅れ、被害を受けた側のストレスが高まっていくことになります。ですから研修はトップも含め全社員が受けるべきです。

　⑤広報：全社的にパワハラに取り組んでいることを周知しましょう。相談窓口も設置してアナウンスします。

・パワハラがある場合の２つの対応

　①相談窓口：相談窓口での対応が一次対応になります。過労死等を防ぐという観点からは、軽微な内容であっても真摯に対応すること、これまでに述べた長時間・過重労働と結びついていると思われる場合は産業医などの外部の専門家と連携する体制をとっておくことが重要で

す。

②再発防止：『マニュアル』はパワハラ防止のための
ものですから、事後対応としての事実確認や、パワハラ
加害者の懲戒の手続などにも触れていますが、本書の趣
旨からはこの部分は重要ではありません。過労死等を防
ぐという観点からは、ストレスを抱えた状態で長時間労
働している状態を解消することを優先しなければなりま
せん。場合によっては事実関係を調査するよりも関係者
の異動などによって問題を早期に解決する方が有効な場
合もあります。

・パワハラのない職場を目指して

　「大手企業の研修で課長層にパワハラの教育をすると、
“部長層にも教育してくれ”と言われ、部長層に講義す
ると“社長や役員にもしてくれ”とコメントが返ってき
たりする」などという研修講師の話を聞きます。トップ
から中間管理層までパワハラの当事者であるという笑え
ない現実があります。加害者側の原因としては、当人の
個性によるだけではなく、一般論としては上司として権
力を握ったことによる万能感錯覚や、自分の能力と比較
して劣っている部下に対する不満、逆に自分の能力より
すぐれていると感じられる部下に対する嫉妬感情などが
よくあげられます。これらはどこにでもあることです。
パワハラはどこでも起こりえます。

　それでもパワハラが起こりやすい職場と起こりにくい

第Ⅲ部　過労死を防ぐためにできること

職場はあります。例えば職場が効率性・競争性を重視すれば、成果を求められる管理者に強いストレスがかかります。ストレスはそのはけ口を探します。ストレスを抱えた部長が課長に強く当たり、課長がさらにその部下にきつく当たる事になります。パワハラの負の連鎖です。このような職場ではパワハラが当たり前になってしまいます。このような職場になれば上記のような相談窓口を作ったところで、誰も相談に行かないかもしれません。職場全体の「ゆとり」を会社としてどのように実現するかという問題の立て方をすることが、職場のストレスを軽減させ、パワハラを減らし、過労死等を防止するひとつの方向性を示すでしょう。

(2)　上司・先輩としてできること、すべきこと

　繰り返しますが、過労死等を防ぐ責任は、会社にあります。長時間労働・過重労働を是正し、メンタルヘルス・パワハラ防止対策をとる主体は組織としての会社です。しかし、会社としての対策がとれていないからといって職場の上司や先輩が手をこまねいているわけにはいきません。メンタル疾患は日常的に発生します。潜在的な過労死等の可能性はどこにでもあります。そしてそれがいつ顕在化するかはわからないのです。

　パワハラの加害者はほとんどの場合自分が加害者であることを意識していません。これまでに書いたように、

119

職場で研修を受けるということも重要ですが、例え会社が組織としてそのような機会をつくらない場合でも、人を指導する立場に立ったときには先述の「あかるい職場応援団」などを利用してセルフチェックをしておいた方が良いでしょう。自分に余裕がないと人にきつく当たってしまうものです。部下や後輩に注意するときに自己の体調や精神状態をチェックするクセを身につけておきましょう。もちろん自分自身や部下に過度の負担がかかっていると感じたら、職場環境の改善のために声をあげ行動するのも上司の責任と言えます。

　一人で仕事を担うことは特に強いストレスを発生させることがわかっています。過重な負担がある場合はなおさらです。うつ病の発症事例をみると、若手が本人には過大と感じられるような目標の下に孤立するケースが少なくありません。中堅層の場合はグループリーダーとして役割を果たそうと頑張っているうちに仕事を抱え込んでしまい、結果として孤立するというケースも見られます。上司として一人で仕事をさせない、適切なフォローをする、同僚であれば声を掛けるなど、仲間として当たり前の行為が過労死等を防ぎ、過労死等の兆候を発見することにつながるのです。

おわりに

　健康管理は自己責任という論調もあります。しかし、

その健康を害しているのが業務であり、健康を維持するためには退職を考えざるを得ないというような職場では自己責任論は空虚です。一般論として労働者は労務を提供するに足る健康を維持する責任があります。しかし、それは業務が健康を害してもよいということではありません。

　会社として過労死等を防ぐ義務があり、責任は会社がとらなければならないことを会社トップから現場まで肝に銘じておきましょう。

資料8：脳・心臓疾患の職種別、決定及び支給決定件数

（件）

年度 職種（大分類）	平成26年度			平成27年度		
	請求件数	決定件数	うち支給決定件数	請求件数	決定件数	うち支給決定件数
専門的・技術的職業従事者	102(9)	89(9)	44(2)	118(8)	92(4)	33(1)
管理的職業従事者	59(4)	64(4)	37(1)	53(1)	50(2)	27(0)
事務従事者	62(10)	44(4)	15(0)	59(13)	50(13)	15(4)
販売従事者	77(15)	52(18)	26(6)	95(20)	84(16)	34(2)
サービス職業従事者	125(34)	88(19)	30(3)	82(22)	73(19)	20(0)
輸送・機械運転従事者	140(1)	138(2)	88(1)	161(3)	141(4)	98(2)
生産工程従事者	52(6)	45(3)	14(1)	70(8)	54(4)	13(1)
運搬・清掃・包装等従事者	47(11)	27(3)	3(0)	50(8)	41(6)	9(1)
建設・採掘従事者	65(1)	57(0)	11(0)	68(0)	60(0)	8(0)
その他の職種（上記以外の職種）	25(1)	33(1)	9(1)	39(0)	26(0)	4(0)
合　計	763(92)	637(7)	277(15)	795(83)	671(68)	251(11)

（資料出所）厚生労働省「「平成27年度『過労死等の労災補償状況』」
注1．職種については、「日本標準職業分類」により分類している。
注2．「その他の職種（上記以外の職種）」に分類されているのは、保安職業従事者、農林漁業従事者などである。
注3．( )内は女性の件数で、内数である。

資料9:過労死等防止対策推進法の認知度(企業調査)

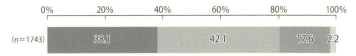

(資料出所)厚生労働省「「平成27年度過労死等に関する実態把握のための社会面の調査研究事業」(委託事業)

資料10:関係法令の認知度(労働者調査)

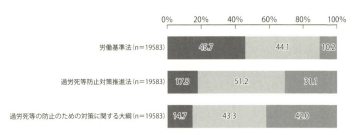

(資料出所)厚生労働省「「平成27年度過労死等に関する実態把握のための社会面の調査研究事業」(委託事業)

第Ⅲ部　過労死を防ぐためにできること

4、家族にできること

　第Ⅰ部の遺族インタビューを読めば、残された家族の心情がよく読みとれると思います。後から思えばいろいろできることがあったのにと後悔する前に、ぜひ考えていただきたいと思います。

　前述したように、責任は主に会社に問われるもので、家族は明らかに被害者です。

　ですが、やはり過労死の防止において、家族のすべきこと、役割は重要です。

(1) まず、気づくことから

◆長時間労働への気づき

　まず、家族（労働者）の帰宅が遅くなってきているな、と思ったら、理由を確かめることです。仕事で遅いようなら給与明細の「残業時間」（手当）を確認してください。実際の残業時間が記載されていないことも少なくないですが、もし、書かれている数字が実際と違うと感じられる場合、本人に確認してみましょう。

　次に、実際の残業時間、労働時間の確認と記録を取るようにすることが大切です。あいまいに「いつも帰りが

123

遅い」などという認識ではなく、今月は何時間の残業、何日の休日出勤だったという事実を把握することが重要です。給与明細は捨てずに必ず残しておきましょう。出勤する時間や帰宅時間のメモを毎日残すことや、家族から毎日帰宅メール（「今から帰る」など）を打つよう依頼して保存しておくのもいい方法です。

　残すべき記録は以下のものです。

（1）給与明細

（2）出勤記録（会社によっては明細と同封される）

（3）帰宅時間・休日出勤記録・持ち帰り残業時間（かばん残業）・業務（指示）に関するメールや文書

◆ストレスへの気づき

　家族（労働者）が、普段はしていた職場や仕事の話をあまりしなくなったら、要注意です。出勤する時間がいつもギリギリになってきたり、食事中の会話が少なくなったりする時は注意しましょう。

　できるだけ、仕事に関わる話題を家族間でするように心がけるべきでしょう。ノルマや納期に追われて困っていないか、人間関係やパワハラで悩んでいないか、何故休めないか（有給休暇が取れないか）、休まないかなどそれとなく聞いてみましょう。

　職場でのストレスは心身にさまざまな悪影響をおよぼします。大切なことは、普段と変わった言動が見られるかどうかということです。ストレスがうまく処理されな

第Ⅲ部　過労死を防ぐためにできること

いと、うつ病などの精神疾患にいたる場合もあります。自律神経や内分泌系（ホルモン）、免疫系のバランスを崩し、胃・十二指腸潰瘍や糖尿病、癌など様々な身体疾患を発症させることもあります。

　仕事での精神疾患の9割はうつ病と言われていますが、ここではその代表的な症状について紹介します。大切なことはうつ病であれ、その他の疾患・症状であれ、早めに相談、対策を始めることです。

①気分の落ち込み（抑うつ感）

　今まで好んで取り組んでいた趣味にも興味がなくなり、人との接触を避けるようになり、親しかった友人や親族にも会いたがらなくなります。そしてテレビを見るのもおっくうになるといったように何もしなくなります。

　重症化すると自分が消えてなくなってしまうことが周りの人にとっても良いと思い込んでしまい自死に至ることがあります。

②集中力の低下

　何事にも集中できなくなります。例えば普段であれば5分で作成できていたメール文章に30分以上かかったりします。また、ミスや物忘れが多くなります。

③睡眠障害

　寝つきが悪くなる（入眠困難）、何度も目が覚める（中途覚醒）、早くに目が覚めてしまう（早朝覚醒）などの睡

125

眠障害がおこります。熟睡感はなく、起床時に疲れが残ります。

　重症化すると、不眠症になったり昼まで寝ているなど、日常生活に支障が出るほどになります。

④味覚障害

　味覚が鈍化し、ものの味がわからなくなることがあります。食欲も一般的には低下します。

⑤便秘

　うつ病になると便秘気味になります。

　上記のようなうつ病の症状はすべて現れるとはかぎりません。

　うつ病以外のストレス反応にも注意して下さい。自律神経系のバランスが崩れれば、高血圧、動悸・息切れ、下痢あるいは便秘と下痢をくりかえす、頻尿などの症状が現れます。ホルモンのバランスが崩れれば糖尿病などを誘発します。また、免疫系のバランスが崩れれば、風邪をひきやすくなり、時には悪性腫瘍（がん）にもなります。これ以外にも円形脱毛症やじんましん、アレルギーなどのストレスによっておこりうる疾患は多数にのぼります。

(2)　対応と相談

　「いつもとちがうな」と感じたら早めに相談窓口（巻

第Ⅲ部　過労死を防ぐためにできること

末参照）をたずねるとか、医療機関（精神科や心療内科）を受診するよう勧めましょう。家族（労働者）が精神科や心療内科に抵抗がある場合は、胃腸の不調なら消化器内科、物忘れなら神経内科の物忘れ外来といったように、症状に対応する受診を勧めましょう。医療機関にはできるだけ同行しましょう。

　人は強いストレスを受けている時、家族・親戚・友人に、心配をかけまいとして元気を装うこともあります。

　異変に気付いた時、信頼できる職場の上司や職場の労働組合に家族として相談することも有効かもしれません。その他、労働問題を扱う弁護士や地域の労働組合への相談も考えましょう。

　以前は、家族も参加するような懇親会・パーティ・運動会などのイベントもありましたが、最近は、雇用する労働者の家族との関係が疎遠になっている会社が多くなっています。職場の慰安旅行や忘年会すらない会社もあります。

　実際、家族がその労働者の業務内容をまったく知らないケースも見られます。

　まず、本人から職場の話をさりげなく聞くように心がけましょう。そういった会話をする中で家族にとって本人がかけがえのない存在であるというメッセージを伝えておくことも大切です。

　家族を悲しませたくないという気持ちが自死を思いとどまらせることもあるからです。

第IV部
病気になってしまった場合にできること

第Ⅳ部では、過重労働によって体調を崩してしまった場合などにとることができる対応について説明します。

（1）まず仕事を休みましょう

過重労働の渦中にある場合、自らのおかれている客観的な状況が見えなくなってしまうことも多く、その結果、知らず知らずのうちに心身に変調を来し、うつ病などの病気にかかることもしばしば見られます。

特に、まじめな人ほど、仕事を休むということに抵抗感や罪悪感のようなものを感じることが多いのかもしれません。しかし、誰しも風邪をひいて熱を出せばさすがに仕事を休んで病院に行ったりするでしょう。心身の変調の場合も同じです。少しでもおかしいな、と感じたときは、有給休暇を取得するなどしてまずは仕事を休み、病院に行くことが第一です（有給休暇の権利については60ページ以下を参照）。医師の診断で就労ができないという判断であれば、医師の指示に従って病気を理由とした休業をして、まずは心身の変調を立て直すことが肝心です。

また、病院に行くこととあわせて、労働組合や弁護士などに相談する、ということも考えるべきです。しかるべき第三者に相談することは、自らのおかれている状況を客観的に見るためにも重要なのです。

第Ⅳ部　病気になってしまった場合にできること

(2) 傷病手当金の請求

　まずは休業して心身の変調を立て直すことが必要ですが、収入がなくなって生活できなくなると思うと、なかなか踏み切れないこともあるでしょう。

　そのような場合に手始めに考えられることとして、傷病手当金の請求があります。社会保険に加入している場合で、病気で働くことができなかったときには、健康保険協会等に対して傷病手当金を請求できます。4日以上仕事を休んで、賃金の減額や不支給がなされた場合、標準報酬日額の3分の2相当で、最長1年6か月支払われます。継続して1年以上被保険者であれば、会社を退職しても引き続き、傷病手当金を受給できます。

　傷病手当金の支給は業務外の病気にかかったことが条件となっていますが、業務上の病気が原因であるとして労災申請している場合であっても傷病手当金の請求をすることはできます。労災が認められた場合は事後に調整されます。

(3) 労災申請

◆労災保険制度（労働者災害補償保険）の概要

　業務上の事由又は通勤による労働者の負傷・疾病・障害・死亡等に対して、迅速・公正な保護をするために必要な保険給付を行い、あわせて、それらの負傷・疾病に

131

かかった労働者の社会復帰の促進、当該労働者および遺族の援護、労働者の安全および衛生の確保などを図る制度です（労災法1条）。

政府が管理する保険であり、原則として全ての事業所が適用対象です。会社から「労災保険に加入していない」とか「労災保険は使えない」と言われた場合でも労災保険制度を使うことができます（なお公務員の場合は、後述の通り、公務災害として別途、国家公務員災害補償法及び地方公務員災害補償法による同様の補償制度があります）。

◆脳・心臓疾患は労災保険の対象となります

脳梗塞などの脳血管疾患、心筋梗塞などの心疾患は、仕事が主な原因で発症する場合もあります。業務による明らかな過重負荷を受けたことにより、発症した脳・心臓疾患は、業務上の疾病として取り扱われ、労災保険の対象となります（厚生労働省「脳血管疾患及び虚血性心疾患等（負傷に起因するものを除く）の認定基準」）。

業務による明らかな過重負荷には、「異常な出来事」、「短期間の過重業務」、「長期間の過重業務」があります。「異常な出来事」とは、発症の前日から直前までの間に遭遇した突発的な出来事、「短期間の過重業務」とは、発症前のおおむね1週間の期間における特に過重な業務、「長期間の過重業務」とは、発症前のおおむね2～6か月の期間における過重な労働を言います。具体

第Ⅳ部　病気になってしまった場合にできること

的な出来事がこれらにあたるかどうかの判断は、労働時間（すべてについて）、極度の緊張、興奮、恐怖、驚愕等を引き起こす異常事態や急激で著しい作業環境の変化など精神的負荷や身体的負荷の原因となる出来事の強度（「異常な出来事」について）、業務量、業務内容（身体的疲労や精神的緊張を伴う業務等）、勤務環境（不規則な勤務、拘束時間の長い勤務、出張の多い業務、交替制勤務・深夜勤務など）、作業環境（温度環境・騒音・時差）などの負荷要因を、客観的かつ総合的に考慮して行われます。

　なお、労働時間については、時間外労働時間が発症前1～6か月間平均で月45時間を超えて長くなるほど、発症との関連性は強まり、発症前1か月間におおむね100時間又は発症前2～6か月間にわたって、月平均でおおむね80時間を超える時間外労働時間は、発症との関連性が強いとされています。

◆精神障害も労災保険の対象になります

　精神疾患発病が仕事による強いストレスによるものと判断される場合には、労災保険の対象となります（厚生労働省「心理的負荷による精神障害の認定基準」）。

　精神疾患の発病が労災と認められるためには、①対象となる精神疾患を発病していること（代表的なものは、「うつ病」、「急性ストレス反応」などですが、これらに限られません）、②発病前おおむね6か月の間に、業務による強い心理的負荷が認められること、③業務以外の要因に

より発病したのではないことが必要とされています。

　業務による心理的負荷によって精神疾患を発病し、これにより自死した場合、原則としてその死亡は労災認定されます。

　このうち②の「業務による強い心理的負荷」にあたるものの具体例は、上記「認定基準」が「業務による心理的負荷評価表」として定めており、これにより、発病前おおむね6か月の間に起きた業務による心理的負荷が強度のものと評価されることが必要です（出来事が複数ある場合には、全体の評価をします）。

　「業務による心理的負荷評価表」が定める具体例の類型としては、ⓐ事故や災害の体験、ⓑ仕事の失敗・過重な責任の発生等、ⓒ仕事の量・質、ⓓ役割・地位の変化等、ⓔ対人関係、ⓕセクシュアルハラスメントが挙げられます。

　このうち、ⓒに当たる長時間労働の例としては、発病直前の2か月間連続して1か月あたりおおむね120時間以上の時間外労働を行った場合、又は発病直前の3か月間連続して1か月あたりおおむね100時間以上の時間外労働を行った場合などは「強」と評価されています。

　また、人の生死に関わるなど心理的負荷が極度のものや、発病直前の1か月におおむね160時間以上の時間外労働を行った場合、又は発病直前の3週間におおむね120時間以上の時間外労働を行った場合など極度の長時間労働が行われた場合は、「特別な出来事」として、認

134

第Ⅳ部　病気になってしまった場合にできること

定されます。

　③の業務以外の要因により発病した場合とは、自分の出来事、家族・親族の出来事、金銭関係、事件、事故、災害の体験、住環境の変化、他人との人間関係など業務以外の心理的負荷や、精神障害の既往歴やアルコール依存などの「個体側要因」が主な原因となっている場合が挙げられます。

◆申請手続き

　労働者または遺族等の受給資格者が事業所を管轄する労働基準監督署長宛てに申請（支給請求）します。申請用紙については各労基署が無料配布しており、また、厚労省のホームページからもダウンロードできます。

　請求書には、事業主証明欄があり、会社の証明印をもらわなければなりません。もっとも、会社が証明を拒否したら、その旨の上申書を添付して、証明なしで申請することもできます。

　申請手続きは、本来は本人が行うことになっていますが、会社が代わりに行うこともあります。ただし、労災認定は結果が出るまで長期間かかる場合もあり、実際の申請にあたっては専門家に相談されることをお勧めします（巻末の相談窓口一覧を参照）。

◆給付内容

　①療養補償給付

135

治癒するまでの治療費の給付です。

②休業補償給付

仕事ができない期間の収入の補償です。休業1日につき給付基礎日額（ボーナスを除く直前3か月間の給与÷その期間の総暦日数）の60％に相当する休業補償給付と、給付基礎日額の20％に相当する休業特別支給金が支給されます。ボーナス分の支給はありません。最初の3日間分は支給されず、4日目以降の休業期間につき支給されます。

③ 障害補償年金、障害補償一時金、障害特別年金、障害特別一時金等

治療が終わった後に障害が残った場合（症状固定後）に支給されます。

障害等級は1〜14級まで定められており、1〜7級と認定されれば障害補償年金が、8〜14級と認定されれば障害補償一時金が支給されます。

また、社会復帰促進事業として、特別年金（1〜7級）または特別一時金（8〜14級）、特別支給金（定額）が支給されます。

④遺族補償年金、遺族特別年金、遺族特別支給金

労働者が労働災害によって亡くなってしまった場合は、遺族補償年金、遺族特別年金、遺族特別支給金が遺族等の受給資格者に支払われます。遺族には内縁の配偶者も含まれます。

遺族補償年金の受給資格がない場合であっても、遺族

第Ⅳ部　病気になってしまった場合にできること

補償一時金、遺族特別一時金、遺族特別支給金が支給される場合もあります。

⑤その他

葬祭料、介護保障給付、労災就学援護費等があります。

◆認定されなかった場合

申請後、労働基準監督署長が支給・不支給を決定します。この決定に不服がある場合、各都道府県の労働局に置かれる労働者災害補償保険審査官に対して、審査請求をすることができます。審査請求は、処分を知った日（通常は、決定通知書を受領した日）の翌日から、3か月以内に行わなければなりません。審査請求を棄却する決定が出た場合、労働保険審査会（東京都）に対して、再審査請求を行うか（決定を知った日の翌日から2か月以内）、地方裁判所に取消訴訟を提起するか（決定があった日の翌日から6か月以内）、あるいはその両方を行うことができます。

◆公務災害について

公務災害の場合、国家公務員と地方公務員とで取扱いが異なります。

国家公務員の場合は、人事院及び人事院の指定する省庁等が行いますので、各省庁ごとに請求に関するルールが定められています。地方公務員の場合は、各都道府県・政令指定都市に設置されている地方公務員災害補償基金

137

支部に対して請求を行うことになります。

　給付内容については、労災補償制度とおおむね同じです。

(4) 復職支援

　厚労省は、「心の健康問題により休業した労働者の職場復帰支援の手引き」を公表し、会社に対し、労働者の職場復帰支援に関する体制を整備・ルール化し、円満な職場復帰支援を促しています。復職にあたっては、このパンフレットを活用し、試し出勤や短時間勤務などを会社に求めるのがよいでしょう。

　会社は労働者に対して安全配慮義務（詳細は後述）を負っていますが、心の健康問題で休職している労働者との関係では、労働者に過度な負担がかからないよう、適切な復職支援を行うこともその義務に含まれるというべきでしょう。

　また、復職するときは、主治医をはじめとして、医療機関と復職の進め方（業務内容・業務量・復帰時期など）についてよく相談することも重要です。

　復職すると、当初は業務が軽減されることが普通です。同僚と比べて業務が軽減されることに引け目を感じてしまう場合もありますが、軽減された業務を行うことがまさに求められている仕事なのですから、引け目を感じる必要は全くありません。

第Ⅳ部　病気になってしまった場合にできること

　なお、労基法 19 条により、労災で休業中は会社とし
ては解雇することが原則として出来ない、ということも
覚えておくといいでしょう。

(5) その他利用できる方法

◆障害年金
　業務上か業務外かを問わず、一定の障害が残った場合
は、障害年金を受給できます。条件は、年金（国民年金、
厚生年金または共済年金）に加入している間に、初診日
があり、一定期間保険料を納付していることです。初診
日に、国民年金に加入していた場合は、障害基礎年金し
か支給されませんが、厚生年金・共済年金に加入してい
た場合は、障害厚生年金・障害共済年金も受給できます。
そのため、就労中は病院を受診せず、退職後（厚生年金・
共済年金から国民年金に切り替えた後）に初めて受診した
場合には、障害基礎年金しか支給されなくなるため、注
意が必要です。

◆会社の補償制度
　会社によっては、労働協約や就業規則で、法定の労災
補償に加えた上積みの補償制度を設けている場合があり
ます。

139

◆民間保険

　生命保険や損害保険などに加入している場合、加入している保険の内容によっては、入院・通院などに対して保険金が支払われる場合があります。特約など、保険によって条件は様々ですので、保険証券などを一度チェックしてみるのがよいでしょう。

(6) 会社や経営者の責任追及

　会社は、「安全配慮義務」として、労働者に対し、労働者が仕事をするにあたって労働者の生命及び健康等を危険から保護するよう配慮すべき義務を負っています。

　そして、長時間労働や過重労働によって病気にかかるようなことがあった場合は、会社はその安全配慮義務に違反したとして、経営者や取締役は仕組みを作る義務を怠ったとして、損害賠償を請求できる場合があります。これは、民間会社だけではなく、公務員の場合でも可能です。

　損害賠償請求に当たっては、弁護士等の専門家に相談してください。

◆立証について

　長時間労働や過重労働について、会社の安全配慮義務違反を追及して損害賠償請求を行うにあたって重要なのは、長時間労働や過重労働を裏付ける証拠の収集です。

第Ⅳ部　病気になってしまった場合にできること

これについては、前述の「労働者本人ができること、すべきこと」（84ページ以下）が参考になります。

　会社がタイムカードを捨てたり書き換えたりするなどして証拠が廃棄・改ざんされる可能性がある場合、将来的な訴訟の準備のために裁判所にあらかじめ証拠資料を保全してもらう手続きを取ることもできます。

◆賠償請求できる損害

　賠償請求できる損害としては、治療費、通院交通費、休業損害、逸失利益、慰謝料などがあります。具体的な内容については、弁護士に相談するなどして確認してください。

◆時効について

　現在、安全配慮義務に基づく損害賠償請求の消滅時効は10年、不法行為に基づく損害賠償請求の消滅時効は3年ですが、2020年4月1日施行の改正民法により、人の生命又は身体の侵害による損害賠償請求の場合、権利を行使できるときから20年、権利を行使できると知ったときから5年という消滅時効期間になります。

◆刑事責任の追及

　会社が違法に残業をさせていた等の場合には、会社や責任者等に対して労働基準法違反等の刑事責任を追及できる場合もあります。

141

過労死を防ぐための相談窓口

■連合　なんでも労働相談　0120-154-052（フリーダイヤル）

　月〜金（祝日、夏期・年末年始の特定期間はのぞく）　10：00〜17：30

連合（日本労働組合総連合会）は全国都道府県に地方連合会があり、労働相談に対応しています。どこからでも上記の電話で窓口につながります。

■各地域労働安全衛生センター

　全国18都道府県に設置されています。

■厚生労働省　総合労働相談コーナー

　各都道府県労働局、労働基準監督署内などの380か所に設置されています。

■厚生労働省　働く人の「こころの耳電話相談」　0120-565-455

　月火17時〜22時／土日10時〜16時（祝日、年末年始はのぞく）

　全国の働く方やそのご家族、企業の人事労務担当者の方々からメンタルヘルス不調などの相談を電話で受けてくれます。

■産業保健総合支援センター

　労働者数50人未満の小規模事業者やそこで働く方を対象に労働安全衛生法で定められた保健指導などの産業保健サービスを無料で提供しています。

●労働基準法、労働安全衛生法、労災保険法等に基づき、事業場に対する監督指導、労働保険に関する手続き、労災保険の給付等に関しては

　事業所の所在地を管轄する労働基準監督署へ

●健康保険　傷病手当金の申請手続きは

　全国の協会けんぽ都道府県支部へ

●セクハラ・マタハラ

　各都道府県労働局　雇用環境・均等部

●パワハラ

　各都道府県労働局・労働基準監督署　「総合労働相談コーナー」

■弁護士への相談は

日本労働弁護団（ホームページに各地のホットラインの連絡先が記載）

　　※執筆者の弁護士が所属している大阪労働者弁護団も、過労死等相談の
　　　取り組みをしています。詳しくは大阪労働者弁護団まで
　　　（電話 :06-6364-8620　HP:https://www.lalaosaka.com/）

編集後記

　本書は、巻頭言でも述べた実際の被害者遺族の方のお気持ちを原動力に、「連合大阪法曹団」の有志の弁護士と連合大阪のスタッフとが、共同執筆に参加し、定期的に会議をもち、分担分の執筆とその協議・手直しを重ねながら、刊行に至ることができました。

　長時間・過重労働の被害の実情や、武器となる法律の内容を紹介しつつ、「過労死」を具体的に防ぐために、どう考え、何を知り、どう動けば良いかをわかりやすく記述することに一同心を砕いたつもりです。

　本書が一人でも多くの方の手に取られ、具体的な知識や提案として役に立ったり予防のための動きにつながるなどして少しでも良い世の中に進む一助となることを願っています。

　最後に、企画、助言、刊行へ向けた作業等を担当してくださった松竹伸幸さんに、この場を借りて御礼を申し上げます。

執筆者一覧

連合大阪法曹団有志（弁護士）

藤原　航

喜多　鉄春

谷　次郎

原　啓一郎

牧野　幸子

三輪　晃義

山中　有里

連合大阪非正規労働センター

大塚　義彦

木本　憲雄

武谷　嘉之

過労死は防げる　弁護士・労働組合が今、伝えたいこと

2019年5月1日　第1刷発行

編著者　　ⓒ連合大阪法曹団有志・連合大阪非正規労働センター
イラスト　しげ・ようじ
発行者　　竹村正治
発行所　　株式会社　かもがわ出版
　　　　　〒602-8119　京都市上京区堀川通出水西入
　　　　　TEL 075-432-2868 FAX 075-432-2869
　　　　　振替　01010-5-12436
　　　　　ホームページ　http://www.kamogawa.co.jp
印刷所　　シナノ書籍印刷株式会社

ISBN978-4-7803-1017-7　C0036